Muito além de
CALVINO

VINÍCIO GOMES

Copyright©2017 por
Vinício Gomes

Todos os direitos reservados por:
A. D. Santos Editora
Al. Júlia da Costa, 215
80410-070
Curitiba – Paraná – Brasil
+55(41)3207-8585
www.adsantos.com.br
editora@adsantos.com.br

Capa:
  Rogéio Proença
Editoração:
  Manoel Menezes
Coordenação editorial:
  Priscila Laranjeira
Impressão e acabamento:
  Gráfica Reproset

Conselho Editorial:
Reginaldo P. Moraes, Dr.; Gleyds Domingues, Dra.; Antônio Renato Gusso, Dr.; Sandra de Fátima Gusso, Dra.; Priscila R. A. Laranjeira, Editorial; André Portes Santos, Diretoria; Adelson Damasceno Santos, Diretoria; Adelson Damasceno Santos Jr., Diretoria.

Dados Internacionais de Catalogação na Publicação (CIP)

GOMES, Vinício

Muito Além de Calvino, O Estreitamento da Compreensão do Princípio do *Sola Scriptura* – A.D. Santos Editora, Curitiba, 2017. 252 páginas.

ISBN – 978.85.7459-450-7

CDD: 284.2
1. Calvinismo   2. Teologia, cristianismo

1ª edição: Setembro de 2017.

Proibida a reprodução total ou parcial,
por quaisquer meios a não ser em citações breves,
com indicação da fonte.

Edição e Distribuição:

Dedicatória

Ao Deus Triuno – Pai, Filho e Espírito Santo – a quem dediquei minha vida desde que compreendi Seu chamado.

À minha mãe, mestra, amiga e confessora, a Profª Hagar Espanha Gomes, que me gerou – incansavelmente – muitas vezes, nesta difícil jornada da vida.

Ao meu saudoso, mas sempre presente pai, Prof. Vinício Araújo Gomes, que com seu exemplo de austeridade, fidelidade e honestidade firmou meu caráter.

Agradecimentos

Ao meu orientador, Dr. Luiz José Dietrich, pela orientação, incentivo e amizade ao longo deste breve mas intenso percurso. Também pelas excelentes aulas de "Temas do Antigo e do Novo Testamento" e pelas fundamentais indicações de leituras e necessárias correções.

Aos professores Euler Renato Westphal e Luiz Alexandre Solano Rossi pelas correções de rumo nas áreas de História, Hermenêutica e Bíblia, e pelas preciosas indicações de leituras que muito contribuíram para um melhor embasamento deste trabalho.

A minha mãe, professora Hagar Espanha Gomes, que ouviu incansavelmente minhas intermináveis falações, sempre tarde da noite. E, com sua vasta experiência na área Acadêmica, me ajudou a organizar minhas muitas ideias.

Ao meu professor, Reverendo Marco Aurélio Monteiro Pereira; mestre por excelência, o despertamento da vocação para o estudo, a pesquisa e o magistério.

Ao Reverendo Francisco Cretti Neto, o apoio pastoral e fraternal que foram estímulos indispensáveis para a conclusão deste curso.

"As convicções são inimigas mais perigosas da verdade do que as mentiras".

(Friedrich Nietzsche)

Lista de Abreviaturas e Siglas

AT	Antigo Testamento
CTA	Compêndio de Teologia Apologética
CFW	Confissão de Fé de Westminster
ICAR	Igreja Católica Apostólica Romana
IPB	Igreja Presbiteriana do Brasil
MFP	Movimento Fundamentalista Protestante
MR	Movimento Religioso
NT	Novo Testamento
NS	*Nuda Scriptura*
OP	Ortodoxia Protestante
PCUSA	*Presbyterian Church of The United States of America*
RM	Reforma Magisterial
RF	*Regula Fidei*
RE	Religião Estabelecida
LXX	Septuaginta
SS	*Sola Scriptura*

Sumário

Agradecimentos _____ v

Lista de Abreviaturas e Siglas _____ vii

1. Introdução _____ 13

  1.1 Aspectos Terminológicos Introdutórios _____ 18

    1.1.1 Bíblia _____ 19

    1.1.2 Hermenêutica _____ 21

    1.1.3. Movimento Religioso e Religião Estabelecida _____ 23

    1.1.4 Calvinismo _____ 25

    1.1.5 Fundamentalismo _____ 27

2. Breve História da Interpretação Bíblica: das Origens Judaicas até Martinho Lutero _____ 29

  2.1 O Antigo Testamento como "Processo Hermenêutico" _____ 30

    2.1.1 A Interpretação das Escrituras no Antigo Testamento _____ 32

    2.1.2 O Cristianismo como uma Hermenêutica que se Apropria do Antigo Testamento e do Próprio Judaísmo _____ 35

  2.2 O Novo Testamento como "Processo Hermenêutico" _____ 39

  2.3 A Hermenêutica Patrística _____ 42

2.3.1 A Escola de Alexandria _____ 45
2.3.2 A Escola de Antioquia _____ 48
2.3.3 A Escola do Ocidente _____ 50
2.4 A Hermenêutica Medieval _____ 52
2.4.1 A "Navalha de Ockham" _____ 55
2.5 A Hermenêutica dos Pré-Reformadores _____ 58
2.6 Lutero e o *Sola Scriptura* _____ 60

3. Calvino e o *Sola Scriptura* _____ 67
3.1 O Movimento Humanista _____ 69
3.1.1 *Ad Fontes!* – De Volta às Fontes! _____ 70
3.1.2 O Humanismo Bíblico de
Erasmo de Roterdã _____ 73
3.2 A Reforma Suíça _____ 75
3.3 A Hermenêutica de João Calvino _____ 80
3.3.2 As Imagens que Calvino usou para
Descrever a Bíblia _____ 89
3.3.3 O Exegeta Calvino _____ 91
3.3.4 Calvino e o Pensamento Científico _____ 93
3.3.4.1 A Teoria da Acomodação _____ 96
3.3.5 A Radicalidade Levada ao Extremo _____ 100

4. A Ortodoxia Protestante e o *Sola Scriptura* _____ 107
4.1 Conceituando Ortodoxia _____ 110
4.1.1 Escolasticismo Protestante _____ 111
4.1.2 Ortodoxia Protestante _____ 113
4.1.3 Período Confessionalista _____ 114
4.2 Protestantismo e Racionalismo _____ 115

4.3 De Beza à Turretini: a Consolidação do Calvinismo ___ 118
  4.3.1 Theodore Beza (1519-1605) ___ 119
  4.3.2 François Turretini (1623-1687) ___ 124
  4.3.2.1 A Pureza das Fontes ___ 127
  4.3.2.2 A Suprema Autoridade do Texto Massorético ___ 130
  4.3.2.3 O Sentido das Escrituras ___ 142
4.4 Os Puritanos e o *Sola Scriptura* ___ 144

5. O MFP e o *Sola Scriptura* ___ 153

5.1 Breve Análise dos Principais Elementos que Contribuíram para o Surgimento do MFP na América do Norte. ___ 155
  5.1.1 A Influência Puritana na Religião e na Cultura Norte-Americana ___ 156
  5.1.1.1 O Sentimento de Eleição Divina ___ 158
  5.1.1.2 A Compreensão de "Aliança" dos Puritanos ___ 160
  5.1.1.3 A Ética Puritana ___ 163
  5.1.1.4 Igreja e Estado na Concepção Puritana ___ 167
  5.1.2 Pietismo e Avivalismo ___ 171
  5.1.3 Do *Sola Scriptura* ao *Nuda Scriptura* ___ 176
  5.1.4 Teologia Dispensacionalista ___ 180
5.2 Ilustração e Teologia Protestante Moderna ___ 181
  5.2.1 A Hermenêutica de Friedrich Schleiermacher ___ 185
5.3 A Teologia de Princeton ___ 191

5.3.1 A Reação de Charles Hodge a Schleiermacher _____ 198

5.3.3 A Proposta Hermenêutica de Charles Hodge _____ 203

5.4 O Movimento Fundamentalista Protestante e o *Sola Scriptura* _____ 209

5.4.1 O Liberalismo Teológico e sua Recepção no meio Evangelical Norte-Americano _____ 211

5.4.2 As Conferências de Niagara Falls _____ 216

Considerações Finais _____ 231

Referências Bibliográficas _____ 239

1.

Introdução

O fundamentalismo religioso talvez seja o tema mais relevante da Teologia no século XXI. Suas origens remontam ao final do século XIX entre os protestantes evangélicos dos EUA, os quais se organizaram em um movimento transconfessional para combater o liberalismo teológico. A chamada Alta Crítica Bíblica havia colocado em cheque vários pontos que estes teólogos consideravam fundamentais. Como resposta, os fundamentalistas não só rechaçaram a Alta Crítica, como afirmaram, entre outros pontos, a inerrância das Escrituras e a crença em sua inspiração verbal-plenária. Os fundamentalistas clamavam ser defensores da Ortodoxia Protestante (OP) e do objeto formal de sua teologia, ou seja, o *sola scriptura* (SS). Mas como se chegou a este conceito de inerrância? Ele realmente representa o pensamento da OP sobre as Escrituras? O conceito extremado de literalidade na interpretação dos textos bíblicos dos fundamentalistas já se observava entre os reformadores?

Segundo o teólogo norte-americano Roger Olson, os alicerces teológicos e doutrinários do Movimento Fundamentalista Protestante (MFP) foram estabelecidos pela chamada "dinastia de Princeton"[1], a saber, Charles Hodge, Archibald Alexander Hodge (seu filho e sucessor) e Benjamin Breckinridge Warfield, durante o período de 1812-1921. Estes, por sua vez, eram devedores da Teologia Sistemática do teólogo suíço do século XVII, François Turretini, cuja obra em latim era leitura obrigatória em Princeton até perto do fim do século XIX. Por semelhante modo, Turretini pertencia, também ele, a uma dinastia de ilustres em Genebra, cuja linhagem teológica remontava a João Calvino. Há, portanto, nas palavras de Olson, uma "dinastia de erudição", que liga o MFP a João Calvino (OLSON, 2001, p. 572).

A pergunta que se buscou responder foi: "a concepção de Calvino do princípio do *Sola Scriptura* já era uma concepção fundamentalista, e/ou ocorreram modificações nesta cadeia de pensadores reformados que teriam estreitado a compreensão daquele princípio"?

Buscando responder esta pergunta, e uma vez já delimitado o recorte temático-temporal, foi adotado o método histórico, já que o tema está inserido dentro de um contexto mais amplo, que é o da história da hermenêutica cristã. O trabalho, então, seguiu os seguintes passos:

---

[1] A Princeton University foi fundada em 1746 como *College of New Jersey* e manteve este nome até 1896. Atualmente laica, originalmente foi uma instituição Presbiteriana.

1. No segundo capítulo, procurou-se demonstrar que desde as origens judaicas até Martinho Lutero, a interpretação da Revelação Divina (em forma oral ou escrita) sempre foi dinâmica, sendo a tarefa dos hermeneutas, tanto judeus como cristãos, uma constante atualização do conteúdo revelatório para o seu tempo e a sua geração. Neste processo, os intérpretes das Escrituras não deixaram – e nem poderiam – de estar sujeitos a cosmovisões distintas, bem como a condicionamentos culturais que atuaram na intencionalidade de suas interpretações.

   Este capítulo abarca brevemente um arco de tempo de aproximadamente 2.000 anos e, mui resumidamente, procura demonstrar o grande esforço hermenêutico que as primeiras comunidades de seguidores de Jesus fizeram para manter a mensagem profética do Messias sem prescindir da herança do AT., este conteúdo perpassa o período Patrístico, quando uma diversidade de escolas de interpretação se formou. Aborda a alternância de prevalência de uma ou outra escola e as soluções que a Igreja encontrou para acomodar estas escolas, e a crise que, ao término da Idade Média, levou à eclosão da Reforma Protestante (RP) e à nova proposta hermenêutica trazida por Martinho Lutero; o SS.

2. No terceiro capítulo, procurou-se analisar os elementos formativos do teólogo João Calvino e da sua teologia, tais como, sua formação acadêmica – de marcado acento humanista –, o ambiente teológico, e as particularidades da reforma suíça (a compreensão que os reformadores suíços tinham do princípio do *sola scriptura*). João Calvino, embora francês de nascimento, radicou-se em

Genebra e lá compartilhou com os outros reformadores da vizinha Confederação Helvética, uma forma mais radical de compreender o SS do que Lutero e os luteranos na Alemanha. Com vistas a compreender o que Calvino entendia por SS e o seu sentido de literalidade na leitura bíblica, buscou-se identificar qual a relação de Calvino com as Escrituras, o que elas representavam para ele, qual o lugar da doutrina das Escrituras em sua teologia – incluídos aqui a relação desta com sua eclesiologia e com a Tradição da Igreja – e, por fim, como Calvino lidou com o progresso da Ciência, à medida em que esta entrava cada vez mais em conflito com interpretações literais da Bíblia, particularmente do livro do Gênesis.

3. No quarto capítulo, buscou-se sintetizar os elementos não somente teológicos, como também políticos e acadêmicos. Como o retorno a Aristóteles e aos métodos escolásticos, que se mesclaram na elaboração da OP reformada. Neste capítulo, alguns tópicos do *Compêndio de Teologia Apologética* (CTA) de Turretini foram selecionados, a fim de que se pudesse identificar como o princípio do SS evoluiu em um contexto diferente daquele dos reformadores. Destaque para as diferenças de abordagens entre Calvino e Turretini (o primeiro mais pastoral e mais "agostiniano" e o segundo mais acadêmico e mais "aristotélico"); e para a relação de simultânea continuidade e descontinuidade, entre Calvino e o que se convencionou chamar de "calvinismo".

4. No quinto e último capítulo, sem abandonar o recorte temático que se propôs ser exclusivamente hermenêutico, o tema se abre para analisar as aplicações práticas

do princípio do SS quando aplicados pelos puritanos ingleses que imigraram no século XVII para a América. Lá, fundaram a colônia de *New England* e a estabeleceram, a partir de um assentamento eminentemente religioso. As leis se baseavam em uma interpretação bíblica que mesclava o sentimento de eleição baseado na doutrina calvinista da predestinação e na particular compreensão puritana da teologia das Alianças do AT. Embora esses ideais tenham se dissolvido com o passar do tempo, a ética e a moral puritanas deixaram marcas indeléveis naquilo que viria a ser a nação norte-americana.

Em um recorte diacrônico, uma breve análise do pensamento de Friedrich Schleiermacher, considerado o pai do liberalismo teológico, foi feita; a fim de que se possa compreender o efeito de sua teologia sobre Charles Hodge, o primeiro da dinastia de Princeton. Hodge viu na teologia de Schleiermacher uma ameaça à teologia ortodoxa. Sua resposta consistiu em não somente adotar a obra de Turretini em Princeton como leitura obrigatória, mas também em munir-se da filosofia do Senso Comum de Thomas Reid, filósofo escocês, para embasar a sua proposta hermenêutica unindo a ela o realismo escocês do bom senso. Hodge criou um método no qual a Bíblia era colocada para o teólogo nas mesmas bases epistemológicas em que a natureza é colocada para o cientista. As verdades nela contidas são verificáveis, posto que esta mesma Bíblia é verbalmente inspirada, e portanto, infalível.

Sem prescindir de uma análise daquele desenvolvimento do SS para o *nuda scriptura* (NS) dos fundamentalistas, o assunto abre-se para contemplar a extensão daquilo que realmente estava em jogo por detrás da ameaça liberal, e de seus métodos críticos; isto é, toda a identidade nacional e cultural. Para os fundamentalistas, o "presente" dependia de uma adequação da nação aos padrões divinos estabelecidos por Deus em aliança com Israel no passado. A América, eleita e predestinada, era o novo Israel e não podia abandonar seus "fundamentos". Da mesma forma, para os fundamentalistas, o futuro da igreja e da nação norte-americana (visto que na teologia calvinista puritana, o Estado tem a obrigação de zelar pela Igreja), estava ligada a um plano divino, milenista e escatológico.

Por fim, demonstra-se que a hermenêutica fundamentalista consiste em um estreitamento da compreensão de Calvino, bem como da compreensão dos calvinistas, do princípio do SS. A inversão do processo hermenêutico propõe uma interpretação da atualidade a partir das Escrituras, provocando o abandono da hermenêutica tradicional.

1.1 Aspectos Terminológicos Introdutórios

Antes de mais nada, faz-se necessário uma introdução terminológica aos principais elementos que constituem o cerne de toda a discussão deste livro a saber: Bíblia, Hermenêutica, Movimento Religioso e Religião Estabelecida, Calvinismo e Fundamentalismo.

1.1.1 Bíblia

O termo "Bíblia" é de origem grega. Sua tradução literal deveria ser "livrinhos", pois é o plural da palavra *"biblíon"*, que por sua vez é o diminutivo de *"biblos"* que significa "livro, documento ou escrito"[2]. A forma plural, *Ta Bíblia*, foi adotada por judeus e cristãos para referir-se ao conjunto de seus escritos sagrados (CLIFFORD J.; HARRINGTON D. J., 2004, p. 292). O substantivo "Bíblia" passou então do grego para o latim e daí para o português como referindo-se a um único livro, no singular, já que ela é, de fato, uma "biblioteca" encadernada em um único volume.

A composição das Bíblias judaica e cristã é diferente, já que os judeus não creem que Jesus Cristo é o Messias prometido e, portanto, não consideram a literatura apostólica que forma o Novo Testamento (NT), como literatura sagrada. Entre os cristãos também há diferenças em relação ao cânon bíblico.

A Igreja Católica Apostólica Romana (ICAR), por exemplo, para o AT adota o cânon grego da Septuaginta (LXX), que é composto dos 39 livros do cânon hebraico, mais 7 livros escritos em grego. A Bíblia Católica, portanto, é composta de 73 livros agrupados em dois "Testamentos", o Antigo (46 livros) e o Novo (27 livros). Para os protestantes, ela é composta de 66 livros: 39 do AT (apenas os 39 do cânon hebraico) e os mesmos 27 do NT. O AT é literatura judaica e o NT literatura cristã (ARENS, 2007, pg. 25,31). Ela foi escrita ao longo de cerca um milênio (do século IX a.C. ao século II d.C.) por diferentes pessoas em diferentes circunstâncias e em diferentes culturas, possuindo uma

---

2   Nova Bíblia Pastoral. A formação do Antigo Testamento. São Paulo: Paulus, 2014, p.9.

enorme diversidade de gêneros literários. Arens sintetiza a Bíblia como sendo:

> [...] um conjunto de escritos (note-se: "escritos", não "livros", pois a Bíblia inclui cartas, por exemplo; que de alguma maneira têm sua origem em Deus: são "palavra *de Deus*"); cujo conteúdo é constituído por múltiplos testemunhos de fé vivida por diversas pessoas e comunidades em diferentes tempos e diante de distintas circunstâncias (ARENS, 2007, pg. 27).

Do ponto de vista do seu conteúdo, a Bíblia não se resume a uma coletânea de histórias, biografias ou ditos sapienciais. Ela "é um conjunto de escritos que são o produto e o testemunho da vida de um povo (Israel/AT) e de uma comunidade (cristianismo/NT) em diálogo com Deus" (ARENS, 2007, p. 27).

Para os católicos, a Bíblia e a Sagrada Tradição, "constituem um só depósito sagrado da palavra de Deus, confiado à Igreja", conforme expressa a Constituição Dogmática *Dei Verbum* Sobre a Revelação Divina da Igreja Católica (*Dei Verbum*, 1997, p. 354). Segundo Boff, para a Teologia Católica, a Palavra de Deus ou Revelação Divina é "o princípio derradeiro da teologia [...] testemunhada na Bíblia e 'tradicionada' na e pela Igreja" (2012, p. 111). Já para os protestantes, mais especificamente os reformados que adotam a Confissão de Fé de Westminster (CFW) como um de seus símbolos de fé, os escritos do AT e do NT estão agora reunidos sob o nome de Escrituras Sagradas, ou Palavra de Deus escrita (CONFISSÃO DE FÉ DE WESTMINSTER, 2005, p. 17).

Não há entre católicos e protestantes uma diferença substancial quanto à compreensão da Bíblia no tocante ao seu conteúdo: o que os protestantes chamam de 'Palavra de Deus' os católicos chamam de 'Revelação Divina' (BOFF, 2012, p 111). A diferença é que, para os protestantes, a Bíblia Sagrada é a sua única regra de fé e prática. Parafraseando Boff, pode-se dizer que, para os protestantes, 'o princípio derradeiro da teologia é a Palavra de Deus, testemunhada na Bíblia e somente na Bíblia enquanto Palavra de Deus escrita'[3].

1.1.2 Hermenêutica

A hermenêutica é a arte da interpretação. Esta é a definição mais comumente encontrada nos livros e manuais sobre o assunto. Etimologicamente, o termo hermenêutica vem do grego *hermeneuein* e relaciona-se com o arauto dos deuses do Olimpo grego Hermes, divindade indo-europeia que, no panteão grego, era deus dos pastores e dos rebanhos. Sua figura era representada como possuindo um bastão mágico, o caduceu, com o qual tangia as almas para a outra vida. Este era o seu papel no panteão dos deuses do Olimpo, o de deus *psicopompo*, ou condutor de almas. Sem ele, a felicidade eterna prometida pela religião cretense não poderia ser alcançada. Ele era o mensageiro dos imortais do Olimpo e também deus das ciências ocultas (BRANDÃO, 1997, pp. 72-73).

---

3   Na Confissão de Fé de Westminster, no capítulo 1, "Da Escritura Sagrada", lê-se: "Sob o nome de Escritura Sagrada, ou Palavra de Deus escrita, incluem-se agora todos os livros do Antigo e do Novo Testamentos, todos dados por inspiração de Deus para serem a regra de fé e prática [...]". (Confissão de Fé de Westminster, 2005, p. 17)

Desta forma, a hermenêutica surge como ciência ou arte que propõe mediar antigas tradições (orais ou escritas) sobre as quais o tempo havia depositado uma ou mais "camadas estratigráficas culturais" ao momento histórico presente desta mesma cultura, para o qual aquelas tradições, apesar de haverem se tornado incompreensíveis, permaneciam ainda valiosas e dignas de conservação:

> Não possuindo textos sagrados, foi na leitura dos clássicos, mais precisamente do *corpus* homérico, que a Grécia sentiu a necessidade de postular a existência de um sentido profano oculto sob a letra do texto. Em seu sentido primitivo, foi então sob a forma de *alegorese* que nasceu a hermenêutica, a fim de tornar de novo legíveis discursos que se tornavam chocantes, seja porque atribuíam aos deuses comportamentos indignos de sua divindade, seja porque era filosoficamente exigido do mito que justificasse sua existência revelando-se detentor de um conteúdo racional (ARTOLA; SÁNCHEZ CARO, 2009, p. 229).

Entre os judeus, a hermenêutica já está presente na elaboração de alguns textos bíblicos como, por exemplo, as reflexões sapienciais sobre a Torá, as quais deram origem a vários salmos, provérbios e livros como Eclesiastes, etc. Também os autores de Crônicas, releram os livros de Samuel. Mas, tradicionalmente, costuma-se afirmar que a hermenêutica bíblica surgiu quando a Igreja sentiu a necessidade de criar métodos e teorizar a interpretação das Sagradas Escrituras – principalmente das Escrituras do AT –, traduzindo-as e resignificando "em Cristo" os símbolos, ritos e ensinamentos éticos e morais do judaísmo para a nova religião cristã, inserida na cultura greco-romana da baixa Antiguidade.

Como ciência, a hermenêutica bíblica trabalhará com as mesmas ferramentas teóricas e metodológicas que os filósofos gregos desenvolveram para reinterpretar seus antigos mitos, porém, seguindo caminho próprio, devido à natureza toda especial do texto bíblico (ARTOLA; SÁNCHEZ CARO, 2009, p. 230).

1.1.3. Movimento Religioso e Religião Estabelecida

Segundo Galindo, em todas as religiões, sem exceção, pode-se distinguir dois movimentos. Numa primeira fase, quando este traz algo novo em relação à religião existente, trata-se de um "Movimento Religioso" (MR). Se este movimento que provoca a religião oficial consegue vencer sua oposição, esta torna-se uma "Religião Estabelecida" (RE). Assim, do ponto de vista da sociologia da religião, os MRs pertencem à própria essência do fenômeno religioso. Os MRs representam o momento criador enquanto a RE é o movimento organizador. Resulta que, durante algum tempo, todas as grandes religiões foram MRs (GALINDO, 1994, p. 63, 64). Ainda segundo Galindo:

> Os MRs têm sempre suas raízes numa crise e implicam uma comoção ante uma situação religiosa (e social) que se experimenta como insuportável, devido ao imobilismo. Muitos MRs não superam a fase inicial e logo desaparecem; por exemplo, quando se mata o iniciador ou "profeta"; porém, se o movimento se impõe e os adeptos se multiplicam, o próprio ambiente social e o contato com os demais levarão a que se adapte, faça concessões, se estabeleça. A sociedade-ambiente, que havia se sentido desafiada e se havia mobilizado para defender-se, chegando talvez até a fazer mártires, acaba por acostumar-se à

novidade e abrir-lhe espaço; é possível até que algum dia a adote como sua religião "oficial". Com isso, já não se falará mais de inovação e se terá recuperado a calma, que durará até que na própria religião oficial surjam novos MRs. Então se sentirá de novo a ameaça. (GALINDO, 1994, p. 64).

Um movimento, então, supõe um *ponto ou fundo fixo*, que é a RE, mas também o seu contexto social. (Exemplos: o judaísmo no tempo de Jesus e o catolicismo no tempo de Lutero). O *que se move* é a novidade introduzida por aquele que traz uma mensagem inovadora, o "profeta". "Suas propostas exigem discernimento para se distinguir entre o 'objetivamente' aceitável e o inaceitável".

Galindo então conclui afirmando que:

> Com esses elementos pode-se propor a seguinte definição: o MR é um fenômeno observável, coletivo, que introduz uma variante numa situação religiosa e social já estabelecida, variante que implica risco e desafio tanto para os de dentro como para os de fora, e exige um enorme dispêndio de energia, também de ambas as partes. O ponto central dessa definição é o risco e o desafio postos pelo MR, ou que se percebe nele; se a inovação não é ou não se percebe como risco e desafio, ao menos para alguns, não se pode falar de MR. (GALINDO, 1994, p. 46,65).

Esta definição sociológica do fenômeno religioso é fundamental para nosso enfoque, posto tratar-se, como disse o autor, de "um fenômeno observável". Este foi o caso de Jesus que, no contexto sócio religioso do Judaísmo de seu tempo, foi um "profeta" que deu início a um MR que, por sua vez, veio a tornar-se uma RE. Quinze séculos mais tarde, a RP apresentará as mesmas características em relação ao catolicismo romano. O reconhecimento deste *perpetum mobile* "Movimento Religioso" – "Religião Estabelecida", permitirá uma leitura dos períodos em questão, dentro de parâmetros seguros, fundamentados por um arcabouço teórico que torna o fenômeno religioso um fenômeno verificável.

1.1.4 Calvinismo

O termo "calvinismo" é usualmente atribuído à linha de pensamento teológico que se desenvolveu a partir dos parâmetros ou linhas mestras estabelecidas por João Calvino. Ser calvinista, portanto, não é ser 'seguidor de João Calvino'. Neste sentido, o calvinismo, entendido como a RE que se seguiu a Calvino e que sistematizou seu pensamento, não só reafirmou seus principais postulados teológicos como os desenvolveu. Este é o caso dos popularmente chamados "5 pontos do calvinismo" que, na realidade, são os cânones do Sínodo de Dordt, realizado na Holanda entre os anos 1618-1619, cinquenta e cinco anos após a morte do reformador francês. Não foram elaborados por Calvino, mas a partir de sua teologia.

Até o século XIX, o calvinismo ou Ortodoxia Protestante (OP), era visto como um desdobramento natural da teologia de Calvino. Neste século e no seguinte, leituras críticas de Calvino levaram vários teólogos protestantes a questionarem a suposta continuidade entre Calvino e os calvinistas. Para eles, houve uma significativa descontinuidade, e não continuidade:

> No século 19 e início do século 20, autores como Alexander Schweitzer, Heinrich Heppe e Paul Althaus descreveram a teologia reformada como algo que gira em torno da doutrina

da predestinação, pois partiam do pressuposto de que todo sistema teológico tinha um dogma central. Autores mais recentes – como Johannes Dantine, Brian Armstrong, Basil Hall e R. T. Kendall – adotaram essa premissa como argumento, favorecendo a tese de que os "calvinistas" se desviaram de Calvino ao dissociar predestinação e cristologia, além de deduzirem um sistema determinista rígido a partir da doutrina dos decretos sem dar a devida ênfase à responsabilidade humana [...] Movida por Karl Barth, a ótica neo-ortodoxa (James Torrance, Holmes Rolston III, Philip Holtrop) contribuiu para essa noção de descontinuidade em áreas como Escritura, lei e evangelho, e a doutrina do pacto (CAMPOS Jr, 2009, p. 13,14).

Desde então há, entre os reformados, estas duas linhas de compreensão da relação Calvino/Calvinismo. Para os puritanos – aos quais dedicaremos especial atenção no quarto capítulo – e seus descendentes, os neo puritanos, a relação foi de continuidade. Já para os neo-ortodoxos, a relação foi de descontinuidade, estabelecida pela "dicotomia Calvino/Calvinismo" (CAMPOS Jr., 2009, p. 20). A linha aqui seguida assume a dicotomia entre Calvino e Calvinismo, e muitos dos autores citados por Campos Jr. foram aqui adotados, tais como R. T. Kendall e J. González, entre outros. Neste sentido, adotar-se-á uma distinção entre os termos "calviniano" e "calvinista". O primeiro para referir-se ao pensamento de João Calvino, e o segundo para se referir ao pensamento dos teólogos do Calvinismo.

Nossa intenção, entretanto, não é tanto defender esta descontinuidade, muito embora ela seja assumida. Não é a relação de continuidade ou de descontinuidade o centro de interesse desta investigação, mas sim, sua influência sobre a questão hermenêutica como fator causal.

1.1.5 Fundamentalismo

Afinal, o que se entende por fundamentalismo? Conceituar fundamentalismo não é tarefa nada fácil. Dreher chama a atenção para o fato de que "quanto mais cresce o caudal da literatura acerca do fundamentalismo, tanto mais difusos se tornam os contornos do conceito e da própria questão", de forma que "quanto mais imprecisos são os contornos, tanto mais facilmente se pode caracterizar algo ou alguém de fundamentalismo ou de fundamentalista" Para Dreher, o conceito de fundamentalismo está tão "inflacionado" que qualquer postura conservadora em qualquer área – teológica, moral ou política – é imediatamente taxada de fundamentalismo (DREHER, 2006[b], p. 81).

Historicamente falando, o MFP foi uma reação ao liberalismo teológico do século XIX. Ele resultou do medo de expor os textos bíblicos ao estudo crítico da Bíblia, já que a subordinação destes mesmos textos bíblicos a novos métodos de cunho mais científico, poderiam manifestar a humanidade destes textos, com suas limitações e condicionamentos históricos culturais. Isto colocaria os fundamentalistas históricos diante da impossibilidade de sustentar o primeiro dos cinco pontos principais do seu movimento: a inerrância absoluta da Bíblia (ARENS, 2007, p. 228/ PACE; STEFANI p. 27).

Neste conteúdo procurar-se-á ater-se ao Movimento Fundamentalista histórico, mais especificamente entre 1895 e 1915 exclusivamente. Não serão abordados os desdobramentos e a evolução deste movimento ao longo do século XX, quando a agenda do movimento ficou mais ampla, encampando as esferas política, social e cultural. O objetivo será apreender das obras e, principalmente, dos comentários bíblicos e sermões de Calvino e dos teólogos calvinistas do pós-reforma, como eles concebiam o conceito de literalidade e como lidavam com a crítica textual – que teve início com o humanismo bíblico de Erasmo – por um lado, e com a evolução do pensamento científico do outro, a fim de identificar se haveria neles um "DNA" fundamentalista.

2.

Breve História da Interpretação Bíblica das Origens Judaicas até Martinho Lutero

Uma vez conceituados os aspectos terminológicos introdutórios, faz-se necessária a descrição de uma breve história da interpretação bíblica, desde suas origens judaicas até a RP, a fim de que se possa compreender todo o contexto histórico e cultural em que o princípio do SS surgiu, bem como o porquê de ter sido estabelecido como objeto formal da teologia protestante.

Não seria correto pensar que o ato de interpretar e atualizar textos ou tradições orais é uma exclusividade da cultura grega. Ele surge na Grécia como arte ou ciência de interpretar e tem na *alegorese* o seu método racional, mas "a atividade de interpretar tradições ou textos é uma exigência da própria vida, especialmente quando determinados textos antigos autorizados devem se adaptar a novas condições de vida" (ARTOLA; SÁNCHEZ CARO, 2009, p. 232). No caso das Sagradas Escrituras, como já foi apontado acima, este ato de interpretar/atualizar remonta ao próprio interior do AT.

2.1 O Antigo Testamento como "Processo Hermenêutico"

Segundo Finkelstein; Silberman, a arqueologia contemporânea tem demonstrado que perto do final do século VII a.C. quando, sob os reinados dos reis Ezequias (+/-700 a.C.) e Josias (+/-600 a.C.), escribas, sacerdotes, camponeses e profetas uniram-se formando um movimento político-religioso (2004, p.12). Ainda Segundo Finkelstein; Silberman:

> No seu âmago estava uma escritura sagrada de incomparável gênio literário e espiritual: era uma saga épica, composta por uma surpreendente coleção de escritos históricos, memórias e lendas, contos folclóricos e historietas, propaganda real, profecia e poesia antiga. Uma parte dela era composição original e a outra, uma adaptação de fontes e versões antigas, mas aquela obra-prima literária passaria por nova edição e elaboração, a fim de tornar-se uma âncora espiritual não apenas para os descendentes do

2. Breve História da Interpretação Bíblica

povo de Judá, mas para comunidades do mundo inteiro (FINKELSTEIN; SILBERMAN, 2004, p.12).

Em outras palavras, a literatura religiosa judaica já nasceu com um propósito bem definido: atualizar todo aquele material diverso e de antiquíssima tradição oral, para um momento específico da vida religiosa, política, cultural e socioeconômica do reino de Judá. Pode-se dizer que o que viria a se tornar a Bíblia judaica foi fruto de um grande projeto e também de um grande processo hermenêutico, de caráter diverso, e com uma agenda multidisciplinar. Para a corte do Palácio Real de Jerusalém, ela deveria legitimar o direito divino da dinastia do rei Davi ao trono de Judá bem como suas aspirações e projetos de expansionismo territorial. Para os camponeses ela serviria de base legal para a posse e propriedade da terra, bem como para garantir e perpetuar as transações sociais ancestrais entre clãs e tribos locais. Para os profetas o registro escrito de toda uma tradição de profetismo formaria um corpo escriturístico cujo caráter sagrado deveria manter sempre atual a voz profética − cuja causa material havia sido sempre a necessidade de justiça social. E, finalmente para a classe sacerdotal, a fixação escrita de rituais e tradições teria por objetivos legitimar e garantir a exclusividade do ministério sacerdotal para os clãs levíticos, bem como o propósito de estabelecer Jerusalém como cidade santa e o seu Templo como único e legítimo lugar de adoração para o povo de Israel. Lá, e somente lá, o povo da Aliança deveria adorar a Javé, o único e soberano Deus do Universo (FINKELSTEIN; SILBERMAN, 2004, p. 12).

Se a teoria de Finkelstein; Silberman estiver correta, então também seria correto inferir que não foi o registro escrito de toda uma tradição oral que deu origem à hermenêutica; antes, foi todo um movimento hermenêutico que levou os judeus a interpretarem e atualizarem suas histórias sagradas e seu código de leis. Seguindo esta linha de raciocínio, o que mais tarde fixou-se como as Escrituras judaicas teria sido, portanto, fruto de um grande "processo hermenêutico". É o que Mesters chama de "Re-Leitura Bíblica". Segundo Mesters, "'Re-Leitura Bíblica' é o nome que se dá a um fenômeno literário, muito frequente na Bíblia, pelo qual se reutilizam textos antigos de livros bíblicos, já existentes, na composição dos livros mais recentes da mesma Bíblia, conferindo assim a esses textos *antigos* um sentido *novo*" (MESTERS, 1980, p. 91).

2.1.1 A Interpretação das Escrituras no Antigo Testamento

O registro escrito das tradições orais seculares do povo de Israel não representou, de forma alguma, um "congelamento" ou "engessamento" das mesmas. Uma vez fixado por escrito, o AT continuou sendo alvo de constantes atualizações, como o caso da reinterpretação de Jr 25.11-14 em Dn 9, que dá origem à famosa profecia das setenta semanas (ARTOLA; SÁNCHEZ CARO, 2009, p. 233). O mesmo pode ser dito sobre a origem do livro da Sabedoria, ou da Carta aos Hebreus. Isto seria um indicador de que, quando a escrita do AT foi concluída, alguns métodos exegéticos já haviam se definido. Segundo Artola; Sanchez Caro:

> Tratava-se sobretudo de meditar a Torá e de descobrir suas dimensões atuais. Por isso se pode designar justamente o método como *derash* (investigação). Prolonga-se entre os rabinos judeus com muitos aperfeiçoamentos e

2. Breve História da Interpretação Bíblica

detalhes, particularmente a partir do momento em que determinados escritos são considerados como canônicos. São dois os ambientes em que nasce e adquire todo o seu desenvolvimento essa forma de interpretação bíblica: a sinagoga e a escola rabínica (ARTOLA; SÁNCHEZ CARO, 2009, p. 233).

Estes dois ambientes, a sinagoga e a escola rabínica, desenvolveram-se durante o exílio do povo judeu na Babilônia, logo após o citado reinado de Josias. Quando os judeus retornaram do exílio na Babilônia para reconstruírem a nação de Judá, as Escrituras Sagradas ascenderam consideravelmente em importância na religião judaica e, para que o povo pudesse ser devidamente orientado na interpretação das Escrituras, surgiram os *Targuns*. Segundo Kaiser; Silva:

> Assim, os ensinamentos orais tornaram-se um suplemento fixo e crescente para o texto bíblico, exercendo uma autoridade igual a das Escrituras. Afirmava-se que essa tradição havia sido transmitida fielmente pelo escriba Esdras e pelos membros da Grande Sinagoga que por sua vez, supostamente, haviam recebido esses ensinamentos mediante a revelação divina (KAISER; SILVA, 2002, p. 204).

Desenvolvimentos semelhantes ocorreram em outras comunidades Judaicas da Diáspora. De particular valia foi a contribuição da comunidade judaica da Diáspora, em especial a numerosa e influente comunidade de Alexandria, no Egito. Foi lá onde viveu Filo (aproximadamente 20 a.C. a 50 d.C):

> O modelo usado por Filo, para seu princípio hermenêutico, era a divisão platônica do mundo e das pessoas em duas

esferas – uma visível e outra emblemática. O significado literal do texto era o visível, ou aquilo que correspondia ao corpo; o significado mais profundo ou a *hyponoia*, era o simbólico, ou aquilo que correspondia à alma. Sempre que Filo era confrontado com aquilo que, para ele, parecia impossível, injusto ou absurdo dentro do texto bíblico, ele procurava cuidadosamente por pistas tais como números misteriosos, etimologias, expressões peculiares e coisas do gênero que pudessem desvendar o ensinamento de *hyponoia* por trás do significado superficial do texto (KAISER; SILVA, 2002, p. 208).

A grande contribuição do judaísmo da Diáspora, cujo filósofo Filo de Alexandria foi o maior representante, foi a incorporação da *alegorese* grega como método de interpretação do AT. A influência da síntese filoniana foi grande e transcendeu as fronteiras do judaísmo, vindo a influenciar, no século III da era cristã, toda uma escola de interpretação bíblica, a Escola de Alexandria, como ficou conhecida, fundada por Clemente de Alexandria e desenvolvida por seu discípulo Orígenes.

Assim, no início da era cristã os rabinos haviam desenvolvido os seguintes critérios para interpretar um texto sagrado: 1) o *peshar* ("claro" ou "simples") que preconizava o sentido literal ou histórico; 2) o *remaz* que preconizava um sentido oculto tanto da Torá quanto do Halaká[4]; 3) o *derush*, (sentido "buscado" das Escrituras) que nada mais era do que o sentido alegórico, o qual se expressava na forma de *hagadot* ou lendas. Assim, "a interpretação judaica era determinada,

---

4   Em hebreu, "caminhar, proceder, norma". Entre os judeus, interpretação da Escritura, particularmente da Lei, com múltiplas e detalhadas normas de proceder. No princípio foi transmitida oralmente; só desde o século II d. C. é consignada por escrito (Dicionário de termos religiosos e afins, verbete Halaká, p. 134).

em grande parte, por sua própria estrutura teológica e pelos objetivos da comunidade em que as Escrituras desempenhavam um papel" (KAISER; SILVA, 2002, p. 204).

2.1.2 O Cristianismo como uma Hermenêutica que se Apropria do Antigo Testamento e do Próprio Judaísmo

Segundo Pagola, não é tarefa fácil saber o que exatamente Jesus pensava da Lei. Os registros evangélicos o retratam envolvido em polêmicas acerca da correta interpretação da Torá em seus diversos aspectos, mas sempre respondendo a uma provocação por parte dos fariseus ou escribas. "Para ele a Torá não era fundamental" (PAGOLA, 2013, p. 299). Por outro lado, isto não significa necessariamente poder afirmar que seu ensino era contrário à mesma: a Torá simplesmente não ocupava um lugar central em sua teologia. Ainda segundo Pagola, para Jesus:

> Não basta viver na dependência da Torá. É preciso buscar a verdadeira vontade de Deus, que, em não poucas ocasiões, nos pode levar além do que dizem as leis. O importante no Reino de Deus não é contar com pessoas observantes das leis, mas com filhos e filhas que se pareçam com Deus e procurem ser bons como ele o é. Aquele que não mata cumpre a lei; mas, se não arranca de seu coração a agressividade contra seu irmão, não se assemelha a Deus. Aquele que não comete adultério cumpre a lei; mas, se deseja egoisticamente a esposa de seu irmão, não se assemelha a Deus. Aquele que ama só os amigos, mas alimenta em seu interior ódio contra os inimigos, não vive com um coração compassivo como o de Deus. Nestas pessoas reina a lei, mas

não reina Deus; elas são observantes, mas não se parecem com o Pai (PAGOLA, 2013, p. 299,300).

Porém, Ratzinger vai além, quando afirma que o evangelho de Mateus "apresenta-nos Jesus como o novo Moisés" quando, no Sermão da Montanha, senta-se e "toma lugar na cátedra da montanha". Segundo Ratzinger:

> Jesus senta-se na "cátedra" de Moisés, mas não como os mestres que para tal se formaram na escola; Ele se senta lá como aquele que é maior do que Moisés, que estende a aliança a todos os povos. Assim, se torna claro também o significado da montanha. O evangelista não nos diz de que colina da Galileia se trata. Isso porque o lugar da pregação de Jesus é simplesmente "o monte", o novo Sinai. "O monte" é o lugar da oração de Jesus, do seu face a face com o Pai; por isso mesmo é também o lugar do seu ensinamento, o qual brota desde mais íntimo colóquio com o Pai. "O monte" é assim por si mesmo também identificado como o novo, o definitivo Sinai. (...) Deveria ter-se tornado claro que o Sermão da Montanha é a nova *Torá* que Jesus traz. Moisés pôde trazer a sua *Torá* apenas com o penetrar na treva divina da montanha; também com a *Torá* de Jesus são pressupostos o penetrar de Jesus na comunhão com o Pai, a ascensão interior de toda a sua vida, que continua na descida à comunhão de vida e de sofrimento com os homens (RATZINGER, 2007, p 73,74).

Nesta citação, devemos reparar que este retrato dado pelo evangelho de Mateus, antes de ser um retrato fiel do Jesus histórico, é a forma como ele era visto e anunciado pela comunidade judaica, liderada por escribas convencidos de que Jesus era o Messias esperado (Mt13,52; 23,34), que está por trás da redação do Evangelho de Mateus. Para esta comunidade, a Jesus coube, portanto, um lugar todo especial e mesmo único em toda a história da hermenêutica judaica. Dentro desta sua singular condição, Jesus ao mesmo tempo em que atesta a autoridade da *Torá* (cf. Mt 5.17) a atualiza e a transcende. Quem compreendeu a relação paradoxal que há entre a *Torá* de Moisés e a *Torá* do Messias é S. Paulo em sua Carta aos Gálatas. Ratzinger comenta:

> A "Lei de Cristo" é a liberdade – este é o paradoxo da mensagem da Carta aos Gálatas. Esta liberdade tem, portanto, conteúdos, tem uma direção e é o oposto daquilo que, apenas de um modo aparente, liberta os homens, mas que na verdade os escraviza. A "*Torá* do Messias" é totalmente nova, diferente, mas justamente assim é que "cumpre" a *Torá* de Moisés (RATZINGER, 2007, p. 99).

Novamente aqui se faz necessário sublinhar que como o Evangelho de Mateus foi escrito 30 ou 40 anos após as cartas paulinas, a comunidade de Mateus pode estar colocando limites a esta interpretação "liberal" das Escrituras. Mateus pode ser um evangelho dos grupos chamados de "judaizantes" que disputavam com Paulo a interpretação das Escrituras nas comunidades da Diáspora. A comunidade de Mateus não aceita interpretações que descartem algo que está escrito na Torá (Mt 5,17-19[5].; 10,5-6).

---

5   Comparar Mc 7,19, escrito em outra comunidade uns vinte anos antes, com Mt 15,20. A comunidade de Mateus não dá por superada a proibição de comer certos alimentos, como o faz a comunidade de Marcos, Mateus aceita somente relativizar o costume de "lavar as mãos antes de comer", porque esta norma se desenvolveu ao lado das Escrituras e não está na Torá. A comunidade de Marcos parece ter abolido estas distinções alimentares (Mc 7,19), como também a de Lucas (Lc 10,5-8). Algo semelhante se pode perceber ao comparar a versão do encontro de Jesus com a mulher siro-fenícia. Marcos apresenta Jesus atravessando a fronteira e entrando e comendo numa casa estrangeira (e, portanto, impura), e ali atendendo a uma mulher estrangeira, por causa de sua argumentação (Mc 7,29). Novamente na narrativa de Mateus a casa não é mencionada, Jesus vai

O cristianismo então apresenta uma hermenêutica que se apropria do AT e do judaísmo. Não obstante, muito embora o *corpus* do NT tenha sido escrito em menos de um século (meados do século I a meados do século II d.C.), já apresenta, mesmo em seu nascedouro, uma forte dinâmica hermenêutica não isenta de fortes tensões, já que, enquanto o apóstolo Paulo abre o Evangelho para os estrangeiros, o evangelista Mateus, escrevendo seu Evangelho depois de Paulo, reafirma a sua exclusão.

Concluindo, como já foi demonstrado acima, a fixação por escrito da tradição judaica não significou o fim da hermenêutica judaica. Ao contrário, a partir da escrita e, principalmente, da canonização daqueles escritos, toda uma escola de interpretação se desenvolveu entre os rabinos, os quais desenvolveram métodos e critérios para atualizar para o seu tempo os ensinamentos das Escrituras do AT.

---

para perto da fronteira, mas é a mulher que atravessa a fronteira para dentro de Israel ("uma mulher cananeia saindo daquelas regiões" Mt 15,21), esta estrangeira confessa e adora Jesus como o "Senhor, filho de Davi" (Mt 15,22), que é uma confissão de fé judaica. O Jesus de Mateus diz à mulher que "foi enviado somente às ovelhas perdidas da casa de Israel", mas a mulher como uma estrangeira convertida aceita sua condição de "cachorrinhos", e ao final é atendida por Jesus, não por suas palavras, como em Mc, mas por causa de sua fé (Mt 5,28). A comunidade de Mateus restringe o acesso dos estrangeiros ao evangelho (Mt 10,5-6; 18,17), como o faziam os chamados "judaizantes" nas comunidades evangelizadas pelo apóstolo Paulo. A comunidade de Mateus aceita gentios desde que estes abandonem sua cultura, sua religião, seu povo e adiram à Israel, isto é, ao judaísmo. Esta é uma característica que une Tamar, Raab, Betsabeia e Rute, que junto de Maria, são as únicas mulheres citadas na genealogia de Jesus em Mateus 1,3-6. Todas elas traíram ou abandonaram seus povos para aliar-se a Israel. O Evangelho de Mateus parece restaurar as discriminações superadas pela comunidade paulina dos Gálatas 3.28. (Observação feita pelo orientador desta dissertação).

2.2 O Novo Testamento como "Processo Hermenêutico"

Se para o judaísmo Moisés foi o grande profeta do monoteísmo judaico, e sua Torá o grande fundamento do edifício escriturístico do AT, Jesus foi para a Igreja mais do que o "novo Moisés": ele foi o *locus theologicus* por excelência da comunidade cristã pós-pascal, a partir do qual boa parte das Escrituras judaicas foi reinterpretada. Impactada pela ressurreição de Cristo e olhando em retrospectiva, os primeiros cristãos viram no acontecimento Jesus, o eixo temático de toda a revelação divina (CULLMANN, 2008, p. 27). Por conseguinte, a teologia do NT é, por natureza e por definição, cristocêntrica, e esta cristocentricidade nasceu da situação vivencial da comunidade pós-pascal.

Segundo Dupuis (2011, p. 79), foi com a Páscoa que se iniciou a cristologia explícita. À medida que os primeiros cristãos aprofundaram sua reflexão de fé sobre Jesus, que é o Cristo, a cristologia, no NT, passou por um processo evolutivo. E a redação dos escritos que tornar-se-ão o *corpus* do NT serão fruto direto deste processo evolutivo da reflexão cristológica da Igreja primitiva. A partir do Livro dos Atos dos Apóstolos, Dupuis analisa o registro de Lucas sobre a pregação de Pedro no dia de Pentecostes (cf. At 2.14-39). Ele a considera um "modelo do querigma apostólico" (DUPUIS, 2011, p. 83), já que conteria "tanto as afirmações essenciais do querigma primitivo como a perspectiva em que era proposto o mistério de Jesus Cristo" (DUPUIS, 2011, p. 84). Segundo Dupuis:

Esse primeiro discurso cristocêntrico parece, sem dúvida, contrastar com o teocentrismo do próprio Jesus, como antes assinalamos. Torna-se, agora, objeto de proclamação de quem houvera anunciado Deus e seu Reino, ou seja, a Igreja começa a apregoar o mensageiro do Reino. Mas esse contraste é só aparente. Quem pôs Deus no centro de sua mensagem é posto agora no centro pelo próprio Deus, em seu desígnio de ação salvadora, tal a importância da ressurreição para a cristologia (DUPUIS, 2011, p. 84).

Falando de forma bem resumida, o NT foi fruto de um processo hermenêutico gigantesco, o qual ressignificou e reinterpretou boa parte dos escritos sagrados dos judeus à luz de uma nova chave hermenêutica: Cristo. Seu ponto de partida foi a ressurreição de Jesus e o caráter salvífico que se empresta a ela (DUPUIS, 2011, p. 86). O foco desta cristologia primitiva foi eminentemente funcional, não tendo por escopo a "natureza" ou "essência" de Cristo (CULLMANN p. 21/DUPUIS, 2011, p. 89). E esta afirmativa pode, de fato, ser verificada na conclusão do Evangelho de João quando este afirma que "Jesus fez, diante de seus discípulos, muitos outros sinais ainda, que não se acham escritos neste livro. Esses, porém, foram escritos, **para crerdes** (grifo meu) que Jesus é o Cristo, o Filho de Deus, e para que, crendo, tenhais a vida em seu nome" (cf. Jo 20.30,31 – BÍBLIA DE JERUSALÉM, p. 2039).

Entretanto, a grande síntese que gerou o *corpus* do NT não pretendeu (e nem poderia) esgotar o mistério agora revelado em Jesus Cristo. Assim como os judeus fundamentaram e fundamentam tanto sua identidade cultural quanto sua fé em acontecimentos históricos vividos por pessoas reais, assim também o fizeram – e o fazem até hoje – os cristãos. Portanto, se por um lado a fé cristã é uma fé histórica, ou seja, que se fundamenta em um evento histórico que é a encarnação do Filho de Deus, por outro lado isto não resume os escritos bíblicos a um mero registro da história salvífica:

> Reduzir a Bíblia à 'história' é um empobrecimento da Palavra de Deus, pois contém muito mais do que história. (...) A história transcende o passado à medida que este é interpretado, quer dizer, os acontecimentos do passado deixam de ser simples recordações e adquirem importância para os homens à medida que se destaque sua significação para o presente. É precisamente isso que os hebreus e os judeus fizeram com sua história, e depois os cristãos, e é isso que lemos na Bíblia: história atualizada e significativa" (ARENS, 2007, p. 307, 310).

Concluindo, pode se inferir que, do ponto de vista hermenêutico, o grande legado da comunidade neo testamentária foi o estabelecimento e a consolidação de uma dinâmica hermenêutica marcada por dois movimentos: do AT para o NT, no qual o movimento se dá em sequência cronológica e histórica, e do NT para o AT, num olhar "para trás"; em retrospectiva, no qual se busca destacar o messianismo de Jesus de Nazaré em sequência histórica tanto sincrônica e cronológica quanto diacrônica. Estes dois movimentos definiram o ciclo hermenêutico da comunidade cristã pós-pascal (ARENS, 2007, p. 197). Foi deste dinamismo das palavras de Jesus – preservadas num primeiro momento oralmente no interior das comunidades cristãs apostólicas –, que vieram a nascer os Evangelhos e o NT.

A intenção da igreja apostólica nunca foi a de cristalizar as palavras do Mestre. Ao contrário, a hermenêutica cristã nasce de forma que "não se trata nunca de conservar a palavra do Senhor congelada, mas de descobrir sua força atual em face das novas situações que vão surgindo nas Igrejas. É o novo dinamismo que move toda a história posterior da interpretação bíblica" (ARTOLA; SÁNCHEZ CARO, 1989, p. 236). A seguir, veremos como após o período apostólico novos elementos serão incorporados a este *perpetuum móbile*, os quais definirão a base do processo hermenêutico cristão das eras patrística e medieval.

2.3 A Hermenêutica Patrística

O movimento que se origina em Jesus foi, desde o seu nascedouro, um movimento plural. Os quatro evangelhos e Paulo, representam cinco maneiras diferentes de compreender a Jesus e ao seu Evangelho, assim como também configuram pelo menos cinco maneiras diferentes de segui-lo e de anunciar este mesmo Evangelho. O ponto em comum, neste período inicial do cristianismo, é que, em sua grande maioria, estes seguidores e seguidoras de Jesus, eram todos judeus, que frequentavam as Sinagogas e o Templo. À exceção do Evangelho de João, cujas evidências internas apontam sua redação para depois do rompimento dos judeus cristãos com o judaísmo, e após sua expulsão das sinagogas (cf. Jo 9,22. 12.42, 16,2), aparentemente todas as cartas paulinas e os evangelhos sinóticos foram escritos por comunidades ainda ligadas às sinagogas.

Após a destruição de Jerusalém por Tito em 70 d.C., o horizonte sócio-cultural dos judeus, seguidores e seguidoras de Jesus que ainda viviam na Palestina, mudou dramaticamente. Expulsos de sua terra pelo cisma provocado pela invasão romana, a comunidade palestina foi, em grande parte, levada a uma nova dispersão. Paulo já havia se autodenominado apóstolo dos gentios mas, agora, o mundo gentílico tornou-se o campo de vida e missão também desses grupos judaico-cristãos expulsos da Palestina. Seu horizonte sócio cultural passa a ser o mundo gentílico politeísta, a cultura grega e a vida social no Império Romano. O impacto desta nova situação colocará as comunidades judaico-cristãs diante do desafio de realizar novas sínteses, novas interpretações e novas atualizações para esta sua atual situação vivencial.

Ao longo dos dois primeiros séculos, o número dos seguidores e seguidoras de Jesus tanto cresceu numericamente quanto gradativamente ascendeu socialmente. Já desde antes da expulsão das sinagogas e da separação do judaísmo, nas diferentes regiões do vasto e multicultural império romano, viu-se diante de dois *fronts*: um interno e outro externo (CAIRNS, 1995, p. 70). No *front* interno, especialmente no segundo século, os padres apostólicos como Clemente de Roma, Inácio de Antioquia, Policarpo de Esmirna, produziram escritos voltados para a vida interior da igreja. Eles tinham por escopo o combate das heresias judaizantes e do gnosticismo e visavam dar uma certa unidade para as comunidades cristãs de suas respectivas áreas, em torno do que eles entendiam como a sã doutrina, da esperança do retorno de Cristo e da obediência aos pastores. Hermeneuticamente prevalecem os procedimentos rabínicos e neo testamentários de como interpretar o AT acentuando seu sentido literal e propondo as figuras do AT como exemplos para o cristão (CAIRNS, 1995, p. 237).

No *front* externo, a Igreja viu-se diante da necessidade de defender-se das acusações de ser uma sociedade secreta e, portanto, uma *religio illicita*, uma religião ilegal (CAIRNS,

1995, p. 70). Neste contexto, surgem os Padres Apologistas. A natureza da polêmica fez com que estes homens buscassem defender o conteúdo da fé cristã por meio de argumentos racionais. Segundo Melo:

> O principal argumento que sustentava a mensagem dos apologistas se referia ao cristianismo como o único movimento que merecia o nome de Filosofia. Desta forma, a filosofia cristã, por acreditarem ser composta por doutrinas reveladas por Deus, constituía-se na autêntica sabedoria, unitária e salvadora (MELO, 2008, p. 57).

Estabelece-se, então, um diálogo entre a fé cristã, de origem judaica, com a cultura greco-romana. Gradativamente, e mais pela práxis do que por uma reflexão de estilo escolástico e acadêmico, a argumentação evoluirá de defesa de legitimidade para a afirmação da superioridade da fé cristã, que passará a ser apresentada, como citado acima, como a "verdadeira filosofia". Em sua "Petição em favor dos cristãos", Atenágoras de Atenas escreve:

> Com efeito, os poetas e filósofos, aqui como em outros lugares, procederam por conjecturas, movidos conforme a simpatia do sopro de Deus, cada um por sua própria alma, a buscar se era possível encontrar e compreender a verdade. E só conseguiram entender, mas não encontrar o ser, pois não se dignaram aprender de Deus sobre Deus, mas cada um de si mesmo. Então, cada um dogmatizou a seu modo, não só a respeito de Deus, mas sobre a matéria, as formas e o mundo. Nós, porém, sobre o que entendemos e cremos, temos como testemunhas os profetas que, movidos pelo Espírito divino, falaram sobre Deus e as coisas de Deus (PADRES APOLOGISTAS, 1995, p. 128).

Além de Atenágoras, destacam-se Justino, o Mártir, o qual introduz na hermenêutica cristã o pensamento tipológico. Irineu de Lyon o qual, em sua polêmica com os gnósticos também desenvolve uma interpretação tipológica do AT, tendo por finalidade demonstrar que não há descontinuidade entre AT e NT. Irineu, entretanto, acrescentará um importante elemento à sua base argumentativa: a autoridade da tradição eclesial a qual, como corpo de Cristo, "é a única que pode garantir uma verdadeira interpretação da Bíblia 'no Espírito'" (ARTOLA; SÁNCHEZ CARO, 1989, p. 237, 238). Dar-se-á aqui uma progressiva valorização do método alegórico e uma gradual desvalorização do sentido literal em algumas escolas teológicas, principalmente nas do oriente (ARTOLA; SÁNCHEZ CARO, 1989, p. 238). Este processo culminará com o surgimento da Escola de Alexandria, no início do século III. Ela marcará também o início da teologia como ciência bíblica.

2.3.1 A Escola de Alexandria

Lara sustenta que a grande síntese entre a mensagem cristã de matriz cultural judaica e oriental com a linguagem e as categorias de pensamento da cultura helênica surgiu da ousadia dos Pais da Igreja, de não somente se defender dos ataques do paganismo, mas utilizar-se da mesma arma que essa dispunha: a Filosofia. Para os Padres da Igreja, a filosofia tornou-se instrumento. Daí a expressão, que se tornou proverbial para indicar sua função, na cultura medieval: *ancilla theologiae*, que quer dizer "serva da teologia". Os padres eram pastores que, na pista de Paulo e João, iniciaram a reflexão teológica, que foi importante para consolidar a futura hegemonia intelectual da Igreja na Idade Média (LARA, 1992, p. 116).

Neste processo de aculturação e assimilação, Tillich destaca a importância do neoplatonismo, principal corrente filosófica que vigorava na baixa Antiguidade, do século III em diante:

> Na época do NT, a filosofia estava cheia de atitudes religiosas. É por isso que o cristianismo precisava tratar de filosofia, pois era uma religião rival. O nome dessa filosofia era neoplatonismo. Ideias platônicas, estoicas e aristotélicas uniam-se aí num sistema filosófico e religioso ao mesmo tempo. O neoplatonismo expressava as aspirações do mundo antigo por nova religião. Expressava também a dissolução de todas as religiões particulares e, ao mesmo tempo, o colapso da razão autônoma, impossibilitada de criar por si mesma novos conteúdos de vida (TILLICH, 2004[a], pg. 68).

Os artífices primeiros desta grande síntese foram os teólogos alexandrinos Clemente e Orígenes (séc. III), os quais apropriaram-se das categorias de pensamento do neoplatonismo e utilizaram-se delas para expressar, em linguagem filosófica, o conteúdo da fé cristã. A escola alexandrina que se seguiu a partir de Clemente, propôs a fé cristã como a "gnose" perfeita: "a fé cognoscitiva, cujos conteúdos passam pelo conhecimento" (TILLICH, 2004[a], p. 73). E foi com a Escola de Alexandria que a filosofia se tornou aquele instrumento do labor teológico, uma serva da teologia como seria chamada mais tarde na Idade Média, uma "ferramenta científica" a serviço da verdade suprema: a revelação da verdade eterna encarnada em Jesus Cristo, o *logos* divino, a verdadeira filosofia.

Assim nasceu a teologia. Ela irrompeu no horizonte espiritual da baixa Antiguidade como aquele tão ansiado "transporte mais sólido" capaz de proporcionar uma navegação segura para o conhecimento da verdade ao qual Platão se referira em seu livro *Fédon:* a revelação divina. Segundo Platão:

> [...] É necessário, pois, a propósito disso, fazer uma das seguintes coisas: não perder a ocasião de instruir-se, ou procurar aprender por si mesmo, ou então, se não se for capaz nem de uma nem de outra dessas *ações*, ir buscar em nossas antigas tradições humanas o que houver de melhor e menos contestável, deixando-se levar como sobre uma jangada, na qual arriscaremos a fazer a travessia da vida, uma vez que não podemos percorrer, com mais segurança e com menos riscos, sobre um transporte mais sólido: quero dizer, uma revelação divina" (Platão, *Fédon*).

Como já foi dito acima, com Clemente de Alexandria surge a primeira escola teológica propriamente dita. Ela nasce em perspectiva apologética, contra a heresia gnóstica. Seu intuito era apresentar o cristianismo como a verdadeira gnose. Do ponto de vista metodológico, tanto Clemente quanto seu discípulo Orígenes são devedores da exegese alegórica de Fílon:

> Para Clemente de Alexandria, a Sagrada Escritura é a voz do *logos* divino. O evangelho é a realização plena da lei, e por isso o AT deve ser interpretado a partir de Cristo. Porém, ademais, nada há de supérfluo na Escritura (influência de Fílon e da exegese judaica), ainda que às vezes seu sentido possa estar escondido. Daí que o ensinamento da Escritura e sua interpretação devem ser feitos em um duplo nível. O primeiro é de compreensão imediata, o segundo procura

encontrar seu significado escondido e mais profundo, e para isso é imprescindível a alegoria. Este segundo nível constitui a tarefa do verdadeiro gnóstico cristão, que também conta com instrumentos como a tipologia tradicional e interpretação cosmológica e moral, estas duas últimas de clara tendência filoniana (TILILICH[a], 2004, p. 240).

O gênio de Orígenes e sua grande contribuição para a interpretação bíblica foi a de se apropriar das categorias de pensamento do racionalismo grego e desenvolver critérios hermenêuticos que seriam plenamente aceitos tanto em seu tempo quanto posteriormente, quando se tornariam a base da teoria medieval dos quatro sentidos bíblicos, dos quais falaremos mais adiante.

2.3.2 A Escola de Antioquia

Suas origens remetem a Luciano de Antioquia, tradicionalmente considerado seu fundador. Ela vai desde os últimos decênios do século III até os primeiros do século V (KAISER; SILVA, 2002, p. 213). A Escola de Alexandria tornou-se uma instituição escolar unitária, patrocinada pelo bispo local e com um programa orgânico de estudo. Tal não foi o caso da Escola de Antioquia. Os historiadores falam em uma "Escola" de Antioquia pelo fato de considerarem seus representantes, importantes teólogos e mestres como Diodoro de Tarso, João Crisóstomo, Teodoreto e Teodoro de Mopsuéstia, unidos por um modelo comum de exegese, de cunho mais literalista, ao contrário dos alexandrinos (SIMONETTI [a], 2002, p. 115). Assim, segundo Kaiser;Silva:

Enquanto os estudiosos de Alexandria viam pelo menos dois sentidos justapostos em todos os acontecimentos, os de Antioquia afirmavam que um acontecimento das Escrituras tinha somente um significado – um significado que para a visão apurada o exegeta "teorético", era tanto literal quanto espiritual, histórico e tipológico. Os estudiosos de Antioquia davam grande ênfase à ideia da *theoria* referir-se basicamente ao fato de que havia uma visão ou percepção da verdade espiritual no cerne do acontecimento histórico que os escritores da Bíblia estavam registrando. Afirmava ainda que essa ligação entre o acontecimento histórico e a verdade espiritual não era um duplo sentido ou significado, mas um sentido único conforme havia sido a intenção original dos escritores da Bíblia (KAISER; SILVA, 2002, p. 213).

O método teológico utilizado pelos antioquenos, em especial por Teodoro de Mopsuéstia, era o histórico-literal--gramatical. Segundo Cairns (1995, p. 207), este permaneceu dominante em boa parte do pensamento cristão, desde sua origem na baixa Antiguidade até a Idade Média. Na RP, será adotado como matriz hermenêutica pelos reformadores.

É importante ressaltar que o literalismo da exegese antioquena não era extremado, do mesmo modo como a alegoria não era por eles desconhecida, desprezada ou rejeitada. Os antioquenos tão somente buscavam o sentido espiritual do texto em seu próprio contexto histórico, afirmando que "o acontecimento histórico em si era o veículo necessário para aquela verdade espiritual e teológica" (KAISER; SILVA, 2002, p. 213). Assim, não é correto pensar nas duas escolas como correntes estanques, pois:

> A ofensiva literalista antioquena teve suas consequências também na exegese alexandrina. Se Dídimo o Cego

é ainda um fidelíssimo seguidor de Orígenes, Cirilo Alexandrino, sem abandonar os módulos da interpretação de sua escola, concede um amplo espaço à interpretação literal, procurando novos caminhos que não são alheios ao literalismo da exegese antioquena (ARTOLA; SÁNCHEZ CARO, 1989, p. 241).

2.3.3 A Escola do Ocidente

As duas importantes escolas citadas acima pertenciam à parte oriental do Império e da Igreja Cristã. No ocidente, uma terceira escola se desenvolverá com características próprias. Seus principais representantes serão Hilário, Ambrósio, Jerônimo e Agostinho. Para Kaiser; Silva a escola do Ocidente parece mais eclética, incluindo tanto elementos da exegese alegórica alexandrina quanto princípios mais literalistas da escola de Antioquia (2002, p. 214). O diferencial desta escola é que o fundamento normativo que delimita o espaço circundante da exegese cristã é autoridade da tradição ou a *Regula Fidei* (GROSSI, 2002, p. 1215). A *Regula Fidei* (RF) foi estabelecida por Agostinho. Segundo Kaiser; Silva:

> Agostinho expressou seus princípios hermenêuticos em sua obra *De Doctrina Christiana*. Nela, ele ressaltou a necessidade de um sentido literal como sendo a base essencial para o sentido alegórico. Mas Agostinho não hesitou em usar de forma um tanto livre o método alegórico. Para ele, o fator decisivo sempre que parecia haver dúvida nas Escrituras, era a *regula fidei* ("regra de fé"), que de acordo com ele significava o conjunto de doutrinas da Igreja. É nesse ponto que a autoridade da tradição começa a exercer um papel importante nas práticas de interpretação de Agostinho, pois o uso adequado da *regula*

fidei pressupõe que, para medir um texto, o seu significado já foi suficientemente estabelecido e que aquela passagem pertence à doutrina, sendo usada como "regra de fé"; de outra forma, corre-se um enorme risco de se realizar uma eisegese[6] (KAISER; SILVA, 2002, p. 214).

Outra importante contribuição da Escola do Ocidente foi a elaboração do sentido quádruplo das Escrituras, a saber, o literal, o alegórico, o tropológico (moral) e o anagógico (místico ou escatológico). Segundo Kaiser;Silva:

> A ilustração usual desse sentido quádruplo surgiu por volta de 420 d.C. nas *24 Conferências* (14.8) de João Cassiano: Jerusalém *literalmente* significa a cidade dos judeus; *alegoricamente* Jerusalém é a Igreja (Sl 46.4,5); *tropologicamente*, Jerusalém é a alma (Sl 147.1,2); e *anagogicamente*, Jerusalém é nosso lar celestial (cf. Gl 4.26). Cassiano deixou bem claro que o sentido quádruplo não se encaixava em todas as passagens das Escrituras; devia-se sempre dar atenção primeiramente ao sentido literal, conforme enfatizado pela escola de Antioquia. Mas os sentidos anagógico e alegórico mantinham vivas as preocupações centrais da escola de Alexandria com os aspectos místicos e espirituais do texto, enquanto o tropológico permitia que moralistas judeus e cristãos descobrissem os ensinamentos morais e éticos do texto (KAISER; SILVA, 2002, p. 214).

Entre a segunda metade do século V e o séc. VII, a decadência generalizada da literatura cristã no ocidente causada pelas invasões bárbaras, fez-se sentir também nas obras exegéticas do período. A produção cai tanto em quantidade quanto em qualidade. Predominam neste período a produção de manuais que compilam de forma abreviada as inter-

---

6 Eisegese. Interpretação de um texto atribuindo-lhe ideias do próprio leitor.

pretações dos grandes exegetas como Agostinho e Jerônimo (SIMONETTI, 2002[b] p. 555; ARTOLA; SÁNCHEZ CARO, 1989, p. 243). Entretanto, estavam lançadas as bases para a interpretação bíblica na Idade Média.

2.4 A Hermenêutica Medieval

Durante a Idade Média, o sentido quádruplo de interpretação da Bíblia não só continuou sendo adotado como foi aperfeiçoado. No ocidente, ascenderam em importância a Tradição, as doutrinas da Igreja e seu Magistério. Kaiser;Silva destacam como evidência desta crescente importância, uma frase de um dos mais cultos intérpretes das Escrituras daquele tempo, Hugo de São Vítor (1096-1141): "Aprenda primeiro em que deve acreditar e então, vá até a Bíblia e encontre lá esse preceito!" Ainda segundo Kaiser; Silva, Hugo de São Vítor antecipa em cem anos a Santo Tomás de Aquino, o qual também defenderia o sentido literal como base para os outros sentidos das Escrituras (2002, p. 215).

De fato, Tomás de Aquino preconizava o sentido literal como o primeiro na hierarquia dos sentidos, mas argumentava também que "um intérprete deve perceber que a Bíblia tem ainda um sentido simbólico, pois as coisas celestes não podem ser expressas em termos terrenos sem se fazer uso de alguma forma de simbolismo" (KAISER; SILVA, 2002, p. 215,216). Em sua Suma Teológica, no décimo artigo, intitulado "O texto das Escrituras encerra vários sentidos", o aquinate afirma que:

> O autor da Escritura Sagrada é Deus [...] A primeira significação, segundo a qual as palavras designam certas

coisas, corresponde ao primeiro sentido, que é o sentido histórico ou literal. A significação pela qual as coisas significadas pelas palavras designam ainda outras coisas é o chamado sentido espiritual, que está fundado no sentido literal e o pressupõe (AQUINO, 2001, p. 154).

Tomás segue argumentando sobre os outros três sentidos nos quais se divide o sentido espiritual, conclui que:

> Como, por outro lado, o sentido literal é aquele que o autor quer significar, e o autor da Escritura Sagrada é Deus, que compreende simultaneamente todas as coisas em seu intelecto, não há inconveniente em dizer, segundo Agostinho, que, de acordo com o sentido literal, mesmo num único texto da Escritura encontram-se vários sentidos (AQUINO, 2001, p. 154).

Em outras palavras, o sentido literal é estruturalmente, o mais importante porque ele é histórico, e a historicidade é o argumento primeiro em favor da fé. Porém, na prática do labor teológico, o sentido alegórico torna-se o mais importante por ser nele, desde as origens do cristianismo, que se apoiam a doutrina e a teologia, ou, nas palavras de Lubac, o sentido espiritual das Escrituras (DE LUBAC, 1970, p. 21; ARTOLA; SÁNCHEZ CARO, 1989, p 247,248).

No decorrer da Idade Média, mesmo reconhecendo em tese a existência de uma hierarquia de valor entre os quatro sentidos, "a tradição medieval, como a tradição patrística, passa rapidamente sobre o sentido literal tradicionalmente considerado se não como negligenciável, ao menos como pouco importante; em todo caso, o menos importante dos quatro, no tocante ao AT" (GILBERT, 1995, p. 128). Ademais, a teoria hermenêutica tomasiana supunha, "uma independência entre o método teológico de ler a Escritura e o que até então se tinha praticado lendo os Padres" (ARTOLA; SANCHEZ CARO, 1989, p. 248):

> É bem verdade que essa independência não levará à prática total nem Santo Tomás nem outros teólogos medievais. Porém a questão se acentuará mais adiante, quando os teólogos nominalistas aceitarem como único critério da verdade teológica a garantia de interpretação bíblica literal dada pelo magistério da Igreja, sem aprofundar nos laços que unem um e outro. O problema da separação entre Escritura e teologia e o consequente problema da autoridade da Escritura já estavam servidos. Ambos explodirão com todo vigor na controvérsia suscitada pela Reforma Protestante (ARTOLA; SÁNCHEZ CARO, 1989, p. 248).

Outrossim, se houve predomínio ao longo da Idade Média da interpretação alegórica, não se pode afirmar que este foi absoluto. Kaiser; Silva destacam a figura de Nicolau de Lira (1270-1340), cuja contribuição exegética seria fortemente influenciada por sua origem judaica. Lira foi um judeu convertido ao cristianismo, que possuía total domínio do idioma hebraico (KAISER; SILVA, 2002, p. 216). Por esta razão, rejeitou a Vulgata de São Jerônimo, extraindo sua exegese diretamente do texto original do AT:

> O que tornou o seu trabalho diferenciado foi o fato de que ele, mais do que qualquer outro desde a época da escola de Antioquia, deu preferência ao sentido literal das Escrituras. Nicolau constantemente pedia que se consultassem as línguas originais e reclamava que se estava permitindo que o sentido místico "sufocasse o literal". Ele insistia que somente o sentido literal deveria ser usado para provar qualquer doutrina. Foi sua obra que influenciou Lutero e afetou tão profundamente a Reforma. Como diz o aforismo *"Si Lyra non lyrasset, Lutherus non saltasset"*. (Se Lira não

tocasse, Lutero não dançaria). (KAISER; SILVA, 2002, p. 216).

2.4.1 A "Navalha de Ockham"

João de Maison-Neuve considera a obra de Guilherme de Ockham (1300-1350) *De universali reali* a origem da doutrina nominalista (HOENEN, 2004, p. 1263). Tendo sido uma das principais tendências filosóficas da Baixa Idade Média, o nominalismo se contrapunha ao realismo tomista/aristotélico, e sua epistemologia foi precursora, no campo filosófico, do "giro antropocêntrico" que viria a ser promovido por René Descartes (TILLICH [a] 2004, p. 202). Ainda segundo Tillich:

> Ockham criticava o realismo místico medieval, porque nesse realismo os universais é que eram as coisas reais, com existência independente. Se os universais existem separadamente das coisas, então reduplicam as coisas. Se só existem na mente, não são coisas reais. Portanto, o realismo não tem sentido. Não tem sentido porque não pode dizer de que maneira os universais são reais (TILLICH[a], 2004, p. 202).

No campo teológico, o conflito entre realismo e nominalismo determinou a Idade Média, sendo que sua influência se faz sentir até hoje. Uma vez estabelecido o princípio epistemológico nominalista e, levado este às últimas consequências – às mais altas categorias do pensamento metafísico – o nominalismo foi também aplicado a Deus:

> Ockham chamava-o (a Deus) de *ens singularissimus*, o ser mais singular. Até Deus passava ser considerado um

indivíduo, separado dos outros indivíduos. Esses outros indivíduos olham ele, e ele, Deus, também os contempla. Deus não mais ocupa o centro de todas as coisas, como pensava Agostinho. O nominalismo o removeu desse centro para um lugar especial, distante das coisas. As coisas individuais, então, se tornaram independentes. Não se podia mais falar em presença substancial de Deus nas coisas (...) Consequentemente, acabava-se a união de todas as coisas com Deus. E assim, individualmente separadas, não mais podiam participar umas nas outras, imediatamente, em virtude de uma participação comum em determinado universal (TILLICH[a], 2004, p. 203).

O corte epistemológico na metafísica ocidental desferido pela concepção occamista, ficou conhecido como "a navalha de Ockham". Ele acabou com a metafísica racional, com a ideia tomasiana – exposta e desenvolvida na *Summa Teológica* – de um sistema onde o racional (a filosofia), pela fé, alcança o suprarracional (a revelação divina) e estabelece a teologia como ciência da fé. Isto porque, na filosofia de Ockham:

> [...] o critério de conhecimento é o sujeito, enquanto o objeto é a natureza física na sua complexidade mecanicista. Não existe um conhecimento universal: Este é apenas provável (não certo) até as máximas consequências, incluindo, portanto, a transcendência divina. A existência de Deus não é mais uma tese, mas apenas um postulado hipotético, que não pode ser provada. Isso significa que só é possível conhecer o sensível o particular (STANCATI, 2003, p. 542).

Já que não se pode ter conhecimento direto ou imediato de Deus, também toda a ortodoxia cristã – a qual se apoiava nas Sagradas Escrituras e na Tradição da Igreja – inclusive doutrinas como a da Santíssima Trindade, se viam solapadas em seus fundamentos. Por isso, nas palavras de Tillich, "é fácil compreender porque a autoridade acaba se tornando tão importante. Fé e submissão à autoridade. A todo caso, Ockham achava que a autoridade era mais a da Bíblia do que a da Igreja" (TILLICH[a], 2004, p. 204). Ainda segundo Olson:

> Nenhuma área da teologia de Ockham era mais radical e mais controvertida para a época do que sua eclesiologia. Ockham reagiu contra toda a estrutura hierárquica medieval da igreja e sua tendência de identificar o corpo de Cristo com o clero, excluindo quase totalmente o laicato (...) Segundo Ockham, na religião organizada existem somente os crentes, as Escrituras e os sacramentos, que são os aspectos mais essenciais. Portanto, segundo ele, o sistema tradicional hierárquico da igreja outorgava a um único pontífice uma autoridade sem nenhum fundamento nas Escrituras (OLSON, 2001, p. 365).

Esta doutrina teria prevalência de modo especial entre os monges agostinianos alemães, ordem do futuro reformador Martinho Lutero, o qual se declarou expressamente occamista (HORTAL, 1989, p. 44,45). Já se pode antever a antropologia pessimista de Lutero, que dependeria tanto da doutrina da predestinação e da justificação pela fé somente para a salvação, assim como "as dúvidas e as determinações teológicas da Reforma sobre o sacramento da eucaristia, levando em conta a concepção filosófica da substância presente no occamismo" (STANCATI, 2003, p. 542).

2.5 A Hermenêutica dos Pré-Reformadores

Tradicionalmente, sempre que se estuda o período conhecido como pré-Reforma, a grande maioria dos livros de História da Igreja destaca apenas as figuras do inglês João Wycliffe[7] (1320-1384) e do boêmio João Huss[8] (1369-1415). No entanto, em seu *Compêndio de História da Igreja*, Romag elenca o que chama de "outros reformadores eclesiásticos" (ROMAG, 1949, p. 293). Ele não os classifica como precursores de Lutero pelo fato de que, muito embora defendessem a autoridade das Escrituras sobre a autoridade da Igreja, não chegaram a afirmar a justificação pela fé; somente. O que ele observa é que estes "outros reformadores eclesiásticos" já denunciavam a necessidade de uma reforma eclesiástica e já apontavam a interpretação literal das Escrituras como o meio para se alcançar este fim. São eles:

---

[7] João Wycliffe é, sem dúvida, o mais importante dos pré-reformadores. No tocante à eclesiologia, Ockham e Wycliffe chegaram a muitas conclusões idênticas. O mesmo não se dava com relação à filosofia e à teologia. "Wycliffe era realista em relação às proposições universais, mas acreditava, assim como Ockham, que o papa era corrupto e que a igreja deveria ser governada pelo povo de Deus, com seus respectivos representantes e não pela estrutura hierárquica clerical". (OLSON, 2001, p. 366).

[8] João Huss foi um pensador e reformador religioso. Em 1402, Jerônimo de Praga, renomado bacharel que havia estudado na Universidade de Oxford (onde Wycliffe lecionara no século XV), traz para a Boêmia os escritos de Wycliffe. Tais escritos causaram profunda impressão em Huss que iniciou um MR baseado nas ideias de Wycliffe. Seus seguidores ficam conhecidos como os Hussitas. A Universidade de Praga decretou-se contra as novas doutrinas, e em 1403 proibiu uma disputa sobre 45 Teses tiradas em parte de Wycliffe. Huss pregava o Sacerdócio Universal dos Crentes, no qual qualquer pessoa pode comunicar-se com Deus sem a mediação sacramental e eclesial. Foi condenado como herege pelo Concílio de Constança (1414-1418) e morto na fogueira em 1415.

- João de Goch (+ 1475), de origem flamenca, foi fundador e confessor de um mosteiro de monjas em Malinas. João só reconhecia como verdadeiras aquelas doutrinas que pudessem ser comprovadas pelas Sagradas Escrituras (ROMAG, 1949, p. 294);
- João Ruchrat de Wesel (+1481). Para Ruchrat, as Sagradas Escrituras eram a única fonte de fé, as quais eram autenticadas única e exclusivamente por Cristo. Rejeitava, desta forma, todos mandamentos da Igreja que não se fundamentassem nas Escrituras. Considerava-os não obrigatórios (ROMAG, 1949, p. 294);
- Wessel Gansfort (+ 1489). Segundo Romag, sua vasta erudição que não se limitava aos escolásticos, mas se estendia até os clássicos gregos e latinos, fizeram com que, em suas muitas mudanças de opinião, repousasse suas convicções teológicas no nominalismo, embora procurando mais tarde mediar entre as duas escolas (ROMAG, 1949, p. 294). Ainda segundo Romag:

> Lutero julgou encontrar nas obras de Gansfort o seu próprio espírito. De fato, como Lutero e outros reformadores, também os escritos de Gansfort consideram a Sagrada Escritura como única fonte de fé, negam a infalibilidade dos papas e dos concílios ecumênicos, a jurisdição da Igreja e especialmente o poder exclusivo das chaves (ROMAG, 1949, p. 294, 295).

Martinho Lutero será, portanto, o elemento catalisador de todos os elementos da crise teológica, filosófica e existencial da Baixa Idade Média. Não poucos o consideram como um homem problemático (FEBVRE, 2012, p. 51-58; LLOYD-JONES, 1993, p. 236). Porém não se pode esquecer que Lutero foi um homem de seu tempo. Sua crise existencial foi emblemática da crise de toda uma geração. Hans Küng vê um paralelo entre Lutero e outro personagem marcante da Idade Média: Francisco de Assis. Em ambos percebe-se o *kairós*, o *momentum* em que, a partir de um, todos se despertam (KÜNG, 2001, p. 163). Suas teologias emergiram de seus anseios mais íntimos, de profundas crises existenciais. Mais tarde, Lutero irá afirmar que um teólogo se faz na bigorna da experiência (GEORGE, 1993, p. 63).

Entretanto, embora a experiência tenha reconhecidamente um lugar importante no teólogo Lutero, ele fundou as bases de sua teologia nas Sagradas Escrituras. Nelas encontrou a resposta para suas angústias tanto pessoais quanto pastorais. Ele o fez estabelecendo um novo princípio hermenêutico: *Sola Scriptura* – somente a Escritura.

2.6 Lutero e o *Sola Scriptura*

Martinho Lutero (1483-1546) foi um monge agostiniano nascido em Eisleben, na atual Alemanha. Por desejo de seu pai, que queria que Lutero seguisse a carreira do Direito, formou-se em artes na Universidade de Erfurt. Em 1505, abraçou a vida religiosa, ingressando no convento dos eremitas agostianianos:

> No decorrer de seus estudos na faculdade de artes e depois na de teologia, Lutero viu-se confrontado com a *via moderna* e o nominalismo, representados por Gabriel Biel (+1495), ele mesmo tributário do pensamento de Ockham (+1349), de Duns Escoto e da tradição franciscana anterior (Boaventura). Por sua concepção de Deus como vontade e não como ser supremo, pela insistência na revelação

como única fonte de seu conhecimento, por suas críticas à utilização de Aristóteles em teologia e, na forma mais do que no fundo, por sua concepção da salvação, essa corrente marcou Lutero de maneira duradoura. Ele sofreu igualmente a influência de Agostinho, notadamente dos tratados antipelagianos, e isso o levará a combater vigorosamente a ideia segundo a qual o homem pode, mediante seus esforços, dispor-se a obter a graça (LIENHARD, 2004, p.1065).

A influência de Ockham em Lutero é óbvia e largamente conhecida e admitida pelo próprio Lutero, mas ela restringe-se ao campo epistemológico. Todos os *"solas"* são decorrentes de sua leitura das Escrituras. Isto não impedia, no entanto, que Lutero o chamasse de "meu mestre":

> Quando Lutero começou a expor sua doutrina da justificação só pela fé, o nominalista Guilherme de Ockham, em cuja lógica ele tinha sido instruído por Trutvetter e Usingen – a quem Lutero chamou seu professor (*magister meus*) –, já tinha criado um clima de pensamento incompatível com a ideia de que a natureza é o preâmbulo da graça. Ockham rejeitou a ideia de que qualquer coisa fora do Evangelho pudesse servir para julgá-lo ou agir como uma plataforma adaptada à misericordiosa provisão de Deus e para a resposta de fé por parte do homem. Lutero orgulhava-se de pertencer à escola de Ockham, a quem considerava o principal e o mais talentoso dos doutores escolásticos. A posição nominalista pareceu ajustar-se, além disso, às suas doutrinas a respeito da graça. Os nominalistas ensinavam que Deus age diretamente, dirigindo-se ao homem com absoluta e soberana exigência, sem dar lugar ao exercício de poderes humanos naturais de juízo, discriminação ou escolha. Ensinavam que a graça divina não é concomitante com as obras humanas, mesmo quando entendida como perfeição divina. Ensinavam que

a graça divina opera imediatamente no coração do homem, indiferentemente, ou mesmo, em oposição à capacidade humana (KNUDSEN, 1990, p. 24,25).

Após a obtenção do grau de Doutor em Teologia pela Universidade de Wittenberg, Lutero assumiu a cátedra de Teologia Bíblica. Entre 1513-1515, Lutero deu seu primeiro curso sobre o livro dos Salmos. Pode se verificar ali que Lutero interpreta o texto sagrado segundo aquele tradicional sistema de interpretação dos quatro sentidos das Escrituras. Nestes primórdios de seus escritos, ele repudia o literalismo de Nicolau de Lyra, explicando os salmos em um sentido literal-profético, sem prescindir, portanto, do uso da alegoria. Os quatro sentidos só serão abandonados a partir do *Comentário sobre a Epístola aos Romanos* (1515-1516). A partir desta obra, embora sem nunca abandonar por completo o uso de alegorias, Lutero fixará sua matriz hermenêutica no sentido literal (LIENHARD, 2004, p. 1065).

No outono de 1518, às vésperas do debate com o dominicano Johann Tetzel sobre a questão das Indulgências, Martinho Lutero estabeleceu o princípio do SS também no campo da polêmica teológica. Nesta ocasião, Lutero avisou que, para ele, "a única autoridade no debate que se aproximava, não seria nem o papa nem a Igreja, mas a Bíblia" (CAIRNS, 1995, p. 236).

Como já demonstrado acima, o SS já vinha sendo gestado pelos pré-reformadores. A originalidade de Lutero consistiu em estabelecê-lo formalmente e como princípio hermenêutico autônomo. "Ao aplicar um princípio conhecido na Idade Média, segundo o qual, a Escritura se interpreta a si mesma ou *'scriptura sacra sui ipsius interpres'* (1 Co 2.14), Lutero abre um novo capítulo na história da interpretação bíblica" (SCHMITT, 2013, p. 237, 238). Com isto Lutero desvinculou a interpretação da Bíblia da autoridade da Igreja, a RF. Mas não só isso: como decorrência da adoção deste primeiro princípio, decorreu um segundo princípio – este sim, originalíssimo: o *Sola Fides*. Segundo Lima:

> A leitura bíblica dos primeiros tempos da Reforma baseava-se em dois princípios: o da *sola scriptura* e o da *sola fides*. Rejeitando-se uma regra de fé externa à própria Bíblia, segundo o princípio da *sola scriptura*, reafirmou-se fortemente a importância da investigação do que seria o sentido próprio da Escritura (independente da fé da Igreja e, particularmente, do Magistério católico) e, nesse sentido, a razão. Pelo princípio da *sola fides*, que, sobre o pressuposto da corrupção substancial do ser humano, rejeita a *analogia rationis*, afirma-se a fé desligada da razão. Desenha-se, dessa maneira, um sistema que, se de um lado inclui fé e razão, embora como dois elementos separados, de outro, tematiza a fé em seu aspecto subjetivo, independente da *regula fidei*. Desaparece formalmente da leitura bíblica o quadro de referência eclesial (LIMA, 2009, p. 352,353).

Há que se ter o cuidado de não pensar que, ao retirar a leitura bíblica do quadro de referência eclesial ou, em outras palavras, do magistério da Igreja e de sua Regra de Fé, Lutero tenha lançado as bases para o *nuda scriptura* (NS). Somente uma leitura simplória e muito superficial de Lutero pode sugerir isto. Em Lutero:

> O "sola scriptura" se condiciona ao "sola gratia" e "sola fide". Somente em conexão com estes, aquele pode ser sustentado. [...] Sem o evangelho, a Escritura permanece sendo letra morta. Merece ser ressaltado que tal concepção inevitavelmente exclui tanto o uso literalista da Bíblia

quanto a arbitrariedade hermenêutica (BRAKEMEIER, 2004, p.39).

Tendo compreendido como Lutero substituiu a RF pelo princípio da SS, resta perguntar o que ele entendia por este princípio. O grande teólogo luterano do século XX, Paul Tillich, escreve sobre isso:

> Lutero afirmava que a Bíblia era a palavra de Deus – mas sabia muito bem o que dizia. Mas quando queria realmente expressar o que pensava, dizia que *na* Bíblia se encontrava a palavra de Deus, a mensagem de Cristo, a expiação, o perdão dos pecados e a dádiva da salvação. Deixava bem claro que a Bíblia continha a palavra de Deus no sentido em que transmitia a mensagem do Evangelho. Mas entendia que esta mensagem existia antes da Bíblia, na pregação dos apóstolos. Como Calvino diria mais tarde, Lutero entendia que os livros da Bíblia eram uma situação de emergência, posto que necessários. Por isso, o que importava era o conteúdo religioso, a mensagem era objeto de experiência (TILLICH 2004[a], p. 241).

E é esta "tematização da fé em seu aspecto subjetivo", simultaneamente o fundamento e "calcanhar de Aquiles" da nova matriz hermenêutica introduzida por Lutero – eis o paradoxo protestante.

Concluindo, este olhar histórico faz-nos ver com clareza que o SS é fruto de um processo hermenêutico, e devedor; em muito, do legado medieval. E o triunfo do sentido literal na interpretação bíblica é devedor de dois grandes nomes da Idade Média: Nicolau de Lira e Tomás de Aquino. Este último, não obstante defender o sentido quádruplo de interpretação das Escrituras, declarou que todos os sentidos subsequentes ao sentido literal são dele dependentes; pois nele se fundamentam, de forma que "esse sentido eclipsava a alegoria como base da doutrina sagrada" (GEORGE, 2015[b], p. 21).

Outro aspecto que o olhar histórico nos mostra com clareza é que, desde as origens judaicas até Martinho Lutero e a RP, a atualização da autorrevelação do Criador à realidade histórica mutante da criatura humana, foi um desafio constante. No recorte de tempo aqui delimitado e estudado, houve profundas mudanças na vida da Igreja, não somente na sua apreensão do divino, como também na sua compreensão da própria condição humana em todas as suas dimensões existenciais.

O grande desafio da hermenêutica cristã como ramo da ciência teológica, consistiu no fato de que seus hermeneutas – sujeitos no tempo e no espaço a condicionamentos culturais, psicológicos, sociais e epistemológicos diversos –, tiveram por tarefa partir de suas realidades fenomenológicas em busca do Eterno, do "Eu sou", daquele que "É" o mesmo ontem, hoje e sempre, para ao final de sua jornada (assim como o deus Hermes), voltar com "a mensagem divina" atualizada para o seu tempo. Neste sentido, é importante destacar que o movimento hermenêutico sempre foi tido como natural, e mesmo desejável. Os atritos; como os ocorridos entre as Escolas de Alexandria e de Antioquia, foram devido a questões conceituais e metodológicas, mas nunca relacionados com o movimento hermenêutico em si.

No próximo capítulo, veremos como a nova matriz hermenêutica proposta pelos reformadores, levará a arte da interpretação bíblica a novos horizontes, e consequentemente a novos desafios.

3.

Calvino e o *Sola Scriptura*

Neste capítulo, buscar-se-á compreender como João Calvino concebeu o princípio da SS. Dar-se-á aqui, a impressão de uma descontinuidade em relação ao capítulo anterior, uma vez que a fim de que se possa compreender João Calvino como intérprete das Sagradas Escrituras, será necessário abordar de forma mais abrangente, aspectos biográficos, históricos, culturais e sociais que contribuíram para a formação deste grande teólogo, cujo gênio é comparado a Santo Tomás de Aquino. Esta mesma impressão de descontinuidade será sentida no campo da hermenêutica, que foi o fio condutor do primeiro capítulo. Isto porque:

> Os reformadores eram apaixonados pela exegese bíblica, mas eles demonstravam pouca preocupação com a hermenêutica como campo separado de investigação [...] A hermenêutica como nós a conhecemos surgiu apenas no Iluminismo e não deve ser transportada para a Reforma. Também é verdade que a palavra *comentário* não significava no século XVI o que significa para nós hoje. [...] A maioria dos comentários de Calvino começou com sermões ou palestras apresentadas no decurso do seu ministério pastoral (GEORGE[b], 2015, p 27).

Além disso, embora os reformadores compartilhassem do sentido histórico-gramatical, da centralidade de Cristo e de outros princípios como chaves interpretativas das Escrituras, distintas escolas de exegese surgiram desde o nascedouro da RP. Para que se possa entender a relação de Calvino com a SS, faz-se necessário compreender duas "famílias" de interpretação bíblica: o Humanismo Bíblico de Erasmo de Roterdã e o "grupo dos reformadores suíços", do qual Calvino foi o seu principal representante (GEORGE, 2015[b], p. 27, 29). Ambas foram determinantes na formação tanto do teólogo, quanto do exegeta João Calvino.

Por fim, a partir de um delineamento do perfil de Calvino como intérprete bíblico – o qual, como se há de ver, foi singularmente radical na compreensão do SS – buscar-se-á compreender se seria possível identificá-lo como um "fundamentalista", ou se, ao menos, haveria em sua compreensão do SS, um "DNA" fundamentalista. Para tanto, recorrer-se-á a uma análise de alguns de seus comentários sobre textos bíblicos e a sua relação com o pensamento científico.

3.1 O Movimento Humanista

O Humanismo bem poderia ter sido tratado no capítulo anterior, já que nos livros de História da Igreja esse é, via de regra (e também pela questão cronológica), sempre apresentado como um dos movimentos que antecederam a Reforma, influenciando-a fortemente. No entanto, pelo fato do pensamento humanista ter exercido uma influência muito mais significativa sobre os reformadores suíços (particularmente João Calvino) do que sobre os reformadores alemães, preferimos tratar tanto deste movimento quanto das contribuições particulares de seus principais nomes, neste capítulo. Segundo Knudsen, "Calvino firma-se primeiro como um humanista. Só depois alcançou ele o desenvolvimento que o transformou no maior sistematizador da Reforma" (KNUDSEN, 1990, p 42).

O Movimento Humanista surgiu na Itália, no século XIV e recebeu este nome por buscar um saber crítico, voltado antes para um maior conhecimento do homem e suas potencialidades, do que para conhecimentos transcendentes e metafísicos. Ele foi fruto de uma volta às fontes da antiguidade greco-romana. Outro fator que contribuiu imensamente para o surgimento do movimento foi o afluxo de um grande número de intelectuais provenientes de Constantinopla, que havia caído na mão dos turcos otomanos em 1453. Abaixo, destacaremos algumas contribuições especialmente importantes do movimento humanista.

3.1.1 *Ad Fontes!* – De Volta às Fontes!

Um dos grandes legados dos eruditos humanistas foi o estabelecimento de um estudo científico, com rigor metodológico, da tradição material deixada por escrito, e conservada desde a Antiguidade em suas línguas originais. A esta nova "Ciência do texto" deu-se o nome de filologia. Um fator decisivo que impulsionou o estudo filológico foi, como já dito acima, a queda de Constantinopla, em 1453. Este evento dramático provocou o êxodo de um enorme número de refugiados, dentre eles muitos intelectuais gregos que fugiram antes da chegada dos Turcos Otomanos à Constantinopla. Eles não chegaram de mãos vazias, mas trouxeram consigo verdadeiros tesouros literários da Antiguidade:

> A chegada ao ocidente de numerosos intelectuais gregos que fugiram ante a chegada dos turcos a Constantinopla (1453) e ensinavam sua língua contribuiu para esse entusiasmo pelo grego, que se acompanha da descoberta, não só dos Padres gregos, mas também dos filósofos da Antiguidade, e de um olhar mais preciso sobre o texto desses manuscritos. Marsílio Ficino reinterpreta Platão e os neoplatônicos; Lefévre d'Étaples oferece uma apresentação pedagógica de Aristóteles; Johann Reuchlin, enfim, descobre Pitágoras. Esse humanista alemão interessa-se também pelo hebraico e pelos escritos do Talmude e da Cabala (KALUZA, 2004, p. 843).

A este interesse pela Antiguidade Clássica deve se somar ainda a invenção da imprensa em 1455, pelo alemão Johannes Gutenberg. Sua influência no humanismo renascentista – e no humanismo cristão – foi de suma importância. Isto porque, até então, havia somente obras manuscritas.

3. Calvino e o Sola Scriptura

A invenção da imprensa não significou, de imediato, uma popularização do livro. Durante várias décadas após a invenção da imprensa, os livros permaneciam extremamente caros de forma que um erudito de recursos médios, não podia possuir mais do que alguns exemplares (GONZALEZ, 1995[a], p 142/GILBERT, 1995, 144,145). Entretanto, com o gradativo aumento da produção, os humanistas puderam detectar algo que não era novidade para os poucos eruditos de séculos anteriores, mas que, agora, aos olhos críticos dos humanistas, tornara-se mais evidente: os erros que os diferentes copistas ao longo de vários séculos haviam introduzido em uma obra:

> Tudo isto deu lugar a uma desconfiança entre os legados da tradição imediata. Se os manuscritos não eram totalmente fidedignos, não era também possível que algumas destas obras fossem completamente falsas, produto da imaginação de algum século posterior? Logo alguns dos documentos mais respeitados da Idade Média foram declarados espúrios (GONZÁLEZ, 1995[a], p. 142).

Também os textos bíblicos seriam submetidos aos mesmos processos, e à mesma suspeição, seguidas de francas críticas que não tardariam a surgir. Gilbert chama a atenção para o fato de que "a Idade Média tinha sido uma idade latina, sua Bíblia era latina" (GILBERT, 1995, p. 144). Fora sobre a Vulgata de São Jerônimo, que toda a tradição de leitura tanto patrística quanto medieval havia se apoiado. Um importante humanista; sacerdote, escritor e filólogo do século XV chamado Lorenzo Valla – conhecido por ter demonstrado que um importante documento atribuído ao Imperador Constantino I (a Doação de Constantino, supostamente de 337 d.C.) era, na verdade, um documento espúrio, havia também criticado a Vulgata Latina de São Jerônimo. Valla então "preconizava a volta à 'verdade grega' das Escrituras, considerada na Septuaginta, como mais autêntica que a 'verdade latina', tradicionalmente aceita no ocidente" (GILBERT, 1995, p. 144). Não tardou para que, após o retorno ao grego da Septuaginta – que na verdade era uma língua de tradução – os humanistas buscassem ir até à fonte primária; a "verdade hebraica" (GILBERT, 1995, p. 144).

Este processo de partir do latim para o grego e depois do grego para o hebraico, envolveu não somente a comparação de textos como até mesmo a consulta de judeus, tanto para o ensino quanto para a interpretação das Escrituras (GILBERT, 1995, p. 144). Um dos principais efeitos disso foi que o sentido literal do texto não só foi naturalmente valorizado como também adquiriu uma importância maior e mais abrangente.

O humanista francês Lefévre d'Étapes (que teria grande influência sobre Calvino; como veremos mais adiante), defendia que "existe um duplo sentido literal: um, impropriamente dito, é o dos cegos e das pessoas de visão curta, que entendem as coisas divinas de uma maneira totalmente carnal, e as submetem à mudança; outro, verdadeiro, é o sentido dos que são iluminados pelo Espírito" (LEFÉVRE *apud* GILBERT, 1995, p. 143). Percebe-se aqui um eco da distante escola antioquena, que defendia que o sentido espiritual se encontrava no sentido literal, mesmo. Este sentido de literalidade e de espiritualidade de Lefévre se fará sentir em toda a sua plenitude na concepção calviniana do SS, já que "foi através de humanistas que Calvino estudou a língua e a literatura gregas e que começou a estudar o NT grego" (DREHER, 2006[a], p. 68).

Mas o nome mais importante e imediatamente ligado ao surgimento da crítica textual é o do humanista holandês Erasmo de Roterdã, que aplicou o estudo da filologia e da crítica textual em sua edição crítica do NT em grego.

3.1.2 O Humanismo Bíblico de Erasmo de Roterdã

Erasmo foi um religioso, um monge agostiniano que, às escondidas, absorveu os clássicos latinos, seus poetas, filósofos e eruditos. Tornou-se um literato cujo gênio "expressou o espírito do Renascimento, gerador de um espírito crítico e de relativismo" (CABRAL, 2009, p. 265). Segundo Cabral:

> Entre 1516 e 1519, Erasmo edita sua edição crítica do Novo Testamento grego. Filólogo erudito, o teólogo de Rotterdam oferece os primeiros caminhos para uma leitura crítica da Bíblia, desvinculando, assim, os textos sagrados de uma exegese medieval, feita a partir de pressupostos dogmáticos e mandos eclesiásticos. Eram os inícios de uma crítica histórica da Bíblia, em que os textos bíblicos eram revisitados em seus originais com o auxílio daquela que se tornou a ciência por excelência do Renascimento: a filologia. Esta, por sua vez, promoveu o nascimento de uma verdadeira crítica textual. A partir da edição de Erasmo, a pesquisa bíblica começou a alçar rumos para uma crítica histórica das tradições bíblicas (CABRAL, 2009, p. 266).

Ao aplicar os métodos do estudo humanístico à antiga literatura cristã (Erasmo não somente publicou uma edição crítica da Vulgata de São Jerônimo, como também publicou edições igualmente críticas de textos patrísticos), Erasmo deu início ao estudo crítico da Bíblia. Durant destaca algumas contribuições de sua edição crítica do NT:

> As notas de Erasmo foram publicadas em um volume separado. Eram escritas em latim claro e idiomático, inteligíveis para todos os graduados do tempo e foram largamente lidas. Apesar de geralmente ortodoxas, anteciparam muitas descobertas de pesquisas posteriores. Em sua primeira edição ele omitiu a célebre *Comma Johanneum* [vírgula joanina] (I Jo 5.7)* que afirmava a Trindade, mas que é negada pela *Standard Revised Version* como uma interpolação do século IV. Imprimiu, mas assinalou como provavelmente espúria a história da mulher apanhada em adultério (João 7.53-8.11) e os últimos 12 versículos do Evangelho de Marcos. Várias vezes assinalou a diferença entre o cristianismo primitivo e o atual (DURANT, 1957, p. 239).

A influência do NT grego de Erasmo foi enorme e se estendeu até o século seguinte. Ele se considerava um *Hieronymus redivivus*, um novo Jerônimo, que voltara com a missão de fazer progredir a causa da *filosophia Christi*. Seu NT grego "formou a base para o *Novum Testamentum Graece* de 1550 de Robert Estienne que, por sua vez, foi utilizado para estabelecer o *textus receptus* grego para inúmeras traduções da Reforma, incluindo a Versão do Rei Tiago, [King James Version] de 1611" (GEORGE[b], 2015, p. 23).

Foi assim que no campo do estudo da Bíblia, a volta às fontes do humanismo bíblico revalorizou o estudo dos idiomas grego e hebraico, introduziu a crítica textual e a filologia como novos elementos exegéticos e redescobriu a História, dando suporte teórico e científico para que, mais tarde, os reformadores gradativamente assentassem as bases hermenêuticas para a formação de uma nova forma de cristianismo que foi o protestantismo. Talvez se possa inferir que a grande contribuição do Humanismo para a teologia da Reforma tenha sido a de instrumentalizar os reformadores com critérios e métodos de objetividade, sem os quais a subjetividade da fé – ou a fé mística – por si só, não se sustenta sem prejuízo da doutrina.

Concluindo, o humanismo bíblico proporcionou o embasamento teórico e científico para que os reformadores reformassem a velha máxima patrística que definiu o sentido do que vem a ser a teologia: *fides quarens intelectum,* a fé que busca compreender. A fé continuava a mesma, mas a razão do século XVI não era mais a razão dos primeiros séculos do cristianismo. A "razão da fé" não deveria mais ser a razão da Igreja, do Magistério, ou da Tradição, mas das Sagradas Escrituras. *Sola Scriptura*! E esta, no sentido histórico-literal única e exclusivamente. A fé reformada também buscava compreensão.

Estas foram as principais contribuições do Humanismo bíblico para a RP e que influenciariam de modo especial os reformadores suíços e João Calvino.

3.2 A Reforma Suíça

A RP não foi um movimento uniforme. As 95 teses de Lutero foram o estopim da Reforma, mas o fogo que se alastrou pela Europa ardeu sem controle. Ao contrário do que se possa pensar, o movimento não se espalhou pela Europa por meio de livros, no circuito acadêmico, mas por meio de panfletos (GEORGE, 2015[b], p.19) que, beneficiados pelo advento da imprensa de Gutenberg, caíram indistintamente tanto em mãos eruditas, como as de João Calvino, quanto em mãos pouco instruídas, como as de Menno Simmons, o pai do Anabatismo.

Sem um "papa", o protestantismo seguiu, além de suas diferentes famílias de interpretação bíblica, dois outros caminhos diametralmente opostos no que se refere à relação Igreja/Estado, que correspondem a duas subdivisões no estudo da História da Reforma. A primeira foi a Reforma Magisterial (RM), que seguiu ao sabor das conveniências e das possibilidades surgidas das alianças entre lideranças religiosas e magistrados locais, como as de Lutero na Alemanha, de Calvino em Genebra, de Zwínglio em Zurique e de William Tyndale na Inglaterra. A segunda foi a Reforma Radical de Menno Simmons e dos anabatistas na Holanda, que rejeitavam com veemência o *corpus christianum*, a cristandade, pela organicidade profana entre a igreja e o Estado com seu poder de coesão, com prejuízo da Igreja (GEORGE, 1993, p 283). Tanto a reforma de Lutero na Alemanha quanto a reforma de Zwínglio e Calvino na Suíça[9] estão, como vimos acima, situadas no âmbito da RM. No entanto, desde a sua origem, ambas apresentaram características próprias e tomaram rumos distintos. Abaixo apresentaremos três características distintivas da reforma suíça em relação à reforma alemã, especialmente relevantes para o tema em destaque.

A primeira característica distintiva entre as reformas suíça e alemã, é que diferentemente de Lutero, na Alemanha, que "mesclou" sua teologia com a cultura alemã, o

---

[9] João Calvino liderou a reforma em Genebra que, à época, não fazia parte da Confederação Helvética. No entanto, com o intuito de situar o leitor moderno geograficamente, estamos nos referindo a Calvino como "um dos reformadores suíços". Ademais, sua concepção teológica está muito mais afinada com a de Zwínglio e Bucer, e de outros reformadores suíços do que com a dos reformadores alemães.

pensamento que se originou dos reformadores suíços e, em especial, de João Calvino, adquiriu contornos universais, cuja influência mudaria o rumo da civilização ocidental. Este aspecto será retomado mais adiante quando nos detivermos sobre os calvinistas e o desenvolvimento da OP, seus credos e Confissões de Fé.

A segunda característica distintiva entre as reformas na Alemanha e na Suíça, é o peso que duas correntes teológicas tiveram tanto no início quanto no desenvolvimento de ambas: o já citado humanismo bíblico e a teologia mística, da qual falaremos brevemente a seguir.

Lutero teve forte influência da teologia mística, em especial, do *misticismo ontológico* cujo principal representante foi um teólogo dominicano alemão conhecido por Meister Eckhart (m. 1327). Eckhart apregoava que "bem no íntimo de cada indivíduo havia um 'abismo da alma' *(Seelenabgrund)*, uma centelha da vida divina que mantinha a possibilidade de união com Deus ou a absorção nele" (GEORGE, 1993, p. 47). Eckhart foi condenado como herege postumamente, pelo papa João XXII, em 1329. Suas ideias eram potencialmente perigosas, já que "parecia levar em consideração um 'fim de linha' para os canais estabelecidos da graça sacramental". Ainda assim, segundo George:

> De uma forma ou de outra, as tradições místicas da baixa Idade Média continuaram sendo fonte vital de vida espiritual e de reflexão teológica até a Reforma e, na verdade, também durante este período. O primeiro livro que Lutero publicou foi uma edição dos sermões de Tauler [discípulo de Eckhart] a que chamou de *Theologia Deutsch* [...] O misticismo deu a Lutero o arcabouço que o possibilitou lançar sua crítica à doutrina medieval da

justificação, embora ele não tenha conseguido chegar à sua própria formulação madura dessa doutrina central até ter abandonado as premissas básicas do misticismo ontológico, pelo menos (GEORGE, 1993, p. 47).

Ora, é notório o fato de que a escola exegética de Lutero desenvolveu-se com um tom marcadamente experiencial, devedora, sem dúvida, de seu forte misticismo. Para Lutero, "a fé genuína e a verdadeira teologia são forjadas sobre a bigorna da tentação, porque só a *experientia* faz um teólogo" (GEORGE, 1993, p. 63). Por outro lado, a escola exegética suíça é notadamente pouco mística e acentuadamente intelectual, assertiva, devedora mais do humanismo erasminiano do que da mística alemã. Esta diferença de matriz exegética será determinante nas concepções divergentes e irreconciliáveis, por exemplo, na questão referente à natureza da Santa Ceia.

Abrindo um parêntese, deve-se tomar o cuidado de evitar polarizações precipitadas, que podem criar estereótipos indesejados e contraproducentes. Nesse sentido, é importante ressaltar que a influência da teologia mística não é uma exclusividade de Lutero e dos reformadores alemães. Não há como assumir os princípios do *Sola gratia* e da *Sola Fide* sem a possibilidade do elemento místico, até porque, na verdade, a experiência da fé é, por natureza, mística. Encontraremos elementos místicos até mesmo em Calvino – talvez o menos místico dos reformadores –, quando ele embasa sua compreensão da verdadeira presença de Cristo na Eucaristia pela via mística: a presença de Cristo na Eucaristia é uma presença espiritual (GEORGE, 1993, p 47). O que se quer salientar é que, este segundo ponto, é um dos mais importantes e dis-

3. Calvino e o Sola Scriptura

tintivos entre estes dois grandes reformadores e as escolas confessionais que os seguiram.

A terceira característica distintiva entre os reformadores suíços e os alemães diz respeito precisamente a como eles compreenderam a aplicação do princípio do SS. Lutero compreendia que tudo o que não fosse contrário ao ensino das Escrituras, poderia permanecer na liturgia, no culto e na igreja. Já Calvino, assim como o reformador de Zurique, Ulrich Zwínglio, ensinava que tudo aquilo que não fosse expressamente bíblico, não deveria fazer parte da liturgia, do culto ou da igreja (KNUDSEN, 1990, p. 74). A maneira diametralmente oposta como Lutero e Calvino lidaram com o valor e o lugar da música no culto evidencia isto de forma emblemática.

Lutero fez da música um poderoso instrumento para divulgar a mensagem da Reforma na Alemanha, tendo inclusive composto um grande número de hinos. Calvino, por sua vez, chegou a expurgar o Órgão das igrejas de Genebra. Sua visão sobre o papel e a importância da música na Liturgia foi emblematicamente resumida no seu Prefácio do Saltério de Genebra (coleção de Salmos bíblicos devidamente metrificados e musicados), em um parágrafo intitulado "O poder da Música". Segundo Calvino:

> [...] existe raramente no mundo qualquer coisa que seja mais capaz de virar e corromper os homens do seu caminho e da sua moral, como Platão prudentemente considerou. E como de fato, sabemos por experiência, que ela tem um poder sagrado e quase incrível de mover corações de uma forma ou de outra. Portanto, temos que ser, por isso mesmo, mais diligentes em regulá-la de tal forma, que nunca seja usada por nós de alguma forma perniciosa. [...]

Além do mais, já que falamos da música, eu a compreendo em duas partes: o que chamamos de letra, ou assunto; e segundo, a música, ou melodia. É verdadeiro que toda má palavra (como dizia S. Paulo), corrompe os bons costumes, mas quando a melodia é colocada nela, traspassa o coração muito mais fortemente, e penetra nele, de uma maneira como através de um funil se derrama o vinho num vaso; assim também o veneno e a corrupção são destilados até as profundezas do coração pela melodia (CALVINO, 2014).

No século XIX nos EUA, um MR intitulado Movimento de Restauração pretendeu derrubar as barreiras denominacionais e unir os protestantes com base nesta concepção calviniana do SS. Eles vieram a cunhar uma frase que sintetiza a compreensão dos reformadores suíços: "no que a Bíblia fala, falamos; no que a Bíblia cala, nos calamos"

Concluindo, o pensamento mais universal e menos comprometido com o nascente nacionalismo dos reformadores suíços (com exceção de Ulrich Zwínglio, em Zurique) somado à forte influência humanista e à compreensão mais radical do princípio do SS, encontrarão em João Calvino sua expressão e força máximas. No teólogo, no exegeta, no pastor e no escritor Calvino, estes elementos estarão sempre marcadamente presentes, tendo relação direta com sua compreensão do SS.

3.3 A Hermenêutica de João Calvino

João Calvino nasceu em Noyon, França, no dia 10 de julho de 1509. De formação Católica, tinha 23 ou 24 anos quando se converteu ao protestantismo. Ele foi contemporâneo de Lutero, embora vinte e cinco anos mais jovem do que aquele. Calvino faz um contraste interessante com Lutero. Além de terem diferentes origens sociais, tiveram também diferentes formações universitárias: "a formação universitária de Lutero foi feita de filosofia e teologia; Calvino, porém, recebeu uma formação humanística; por isso, enquanto ele [Calvino] foi o organizador por excelência do protestantismo, Lutero foi a sua voz profética". (CAIRNS, 1995, p. 251). Esta formação humanística de Calvino – que incluiu o estudo do Direito – imprimiu em sua teologia e em sua moral, a lógica, a precisão e a severidade dos *Princípios*[10] de Justiniano, dando à sua própria obra-prima um nome idêntico: *Christiane Religiones Institutio* (Princípios da Religião Cristã). No Brasil, o nome desta mesma obra foi traduzido de forma mais literal por "Institutas da Religião Cristã". Além da formação em Direito, outros elementos do humanismo marcaram Calvino.

Calvino estudou no Collége de la Montaigu, na Universidade de Paris, o mesmo colégio onde estudara Erasmo, seu mais famoso aluno. Certamente repercutiu sobre o jovem estudante o impacto da passagem de Erasmo (DURANT, 1957, p. 383). Após receber o diploma de licenciado ou bacharel em Direito (1531), Calvino voltou para Paris; e para o estudo da literatura clássica. No ano seguinte, publicou um ensaio em latim sobre a obra *De clementia*, de Sêneca e enviou imediatamente uma cópia a Erasmo, a quem aclamou como a "maior glória" (depois de Cícero) e "artista primoroso das letras" (DURANT, 1957, p. 384).

---

10 *Os Princípios* – Durante seu reinado, o Imperador de Bizâncio Justiniano (527-565) buscou a formulação de leis que se inspiravam nos antigos códigos jurídicos romanos. Formando um conjunto de juristas influenciados pelo Direito Romano, Justiniano compilou um grupo de leis que formaram o chamado Corpo do Direito Civil.

Além de Erasmo, também influenciariam João Calvino outros eruditos como Pierre de l'Etoile, Andrea Alciati e Jacques Lefèvre d'Etaples, que tem sido chamado de "o Erasmo francês", tanto por sua grande erudição quanto pelo apoio que deu aos reformadores em seu país. Guilherme Farel, um dos primeiros reformadores de Genebra e discípulo de Lefèvre – além do jovem Calvino, com quem Farel trabalharia mais tarde – esteve igualmente sob a sua esfera de influência" (GEORGE, 2015[b], p. 27). Esta rica formação humanística, que incluiu também o 'Humanismo bíblico' de Erasmo, foi mais determinante na maneira de Calvino aproximar-se do texto sagrado, do que a de Lutero (HERON, 2004, p. 336).

Antes de prosseguirmos, no entanto, faz-se necessária uma advertência: a de que é preciso evitar cair na tentação de uma leitura simplista, do tipo que faz perguntas tais como "terá sido a formação humanista de Calvino que condicionou sua leitura bíblica"? A resposta é que Calvino foi um homem de seu tempo. Não seria suficientemente correto inferir que sua formação humanista foi determinante em sua leitura bíblica mas, sem dúvida, ele a leu com a mente de um homem ilustrado. Knudsen citando Bohatec, chama Calvino de "humanista", mas faz as devidas ressalvas quanto à esta classificação:

> De fato, Calvino criticou mordazmente aqueles cujo humanismo fazia supor que eles se tinham firmado contra a soberania de Deus, contra a Palavra de Deus, contra a depravação do homem e contra as doutrinas da graça. Aos 27 anos, na famosa carta que serve de introdução à sua *Institutio Religionis Christianae* [Instituição da Religião Cristã], ele fala abertamente contra o humanismo que não leva em conta a doutrina evangélica. Mais do que

contra um humanista como Budé, Calvino ataca aqueles humanistas que fazem a apoteose do ser humano e pensam que a realização daquilo que é humano pode ser alcançada somente na presumida independência de Deus e de sua revelação. Ele mesmo, como um humanista, rejeitou aquilo que era o coração da ideia de personalidade do Renascimento, a ideia de que o homem é a fonte criadora de seus próprios valores e, portanto, no fundo, incapaz de pecar. Se os estudos humanísticos eram caros a Calvino pelo fato de favorecerem o desenvolvimento das virtudes humanas, se as ciências devessem ser cultivadas como dons de Deus, os humanistas deviam opor-se àqueles que pensavam que as artes e as ciências podiam ser empregadas como se fossem suficientes em si mesmas. Era estranho à mente de Calvino o pensamento de que as artes e as ciências podiam estar livres da religião (*non debere distrahi a religione scientia*). (BOHATEC, *apud* KNUDSEN, 1990, P 22,23).

Na verdade, para Calvino, não havia dicotomia na relação entre o Cristianismo e o mundo, ou entre o Evangelho e a cultura. "Ele acreditava que a Teologia, de tal forma, envolve todo o pensamento humano, que todo o pensamento pode estar sujeito ou submisso a Jesus Cristo" (REID, 1990, p 75). Esta concepção teológica está fundamentada no que a tradição protestante denominou "Mandato Cultural".[11]

Em Calvino, portanto, o teólogo e o humanista tornaram-se inseparáveis, de forma que pode-se dizer que Calvino via o Humanismo de uma perspectiva bíblica, da

---

11 Termo da teologia reformada que se refere ao mandato dado por Deus à humanidade no momento da Criação (Gn 1.28-30; Salmo 8.6-8). "O homem foi feito para administrar o mundo de Deus, e esta mordomia é parte da vocação humana em Cristo. Exige trabalho duro, com a honra de Deus e o bem dos demais como meta. Esta é a verdadeira 'ética do trabalho' protestante. Essencialmente, é uma disciplina religiosa; é o cumprimento de um 'chamado' divino" (PACKER, 1998, p. 84). [tradução nossa].

mesma forma que via a Bíblia de uma perspectiva humanista. Sua visão teônoma e sua formação humanista se fundem e se completam de forma que, mais do que em nenhum outro reformador, nele se realizará a síntese entre as visões antitéticas do teocentrismo medieval *versus* o antropocentrismo humanista daqueles humanistas citados acima, cuja visão extremada pendia para uma excessiva valorização do Homem em relação a Deus.

Agora que fomos introduzidos, ainda que mui brevemente, aos principais elementos formadores do pensamento de João Calvino, resta-nos, antes de nos aprofundarmos na questão central que é a sua compreensão do princípio do SS, compreendermos qual o lugar que as Escrituras ocupam em sua teologia.

É bastante frequente, mesmo entre calvinistas – principalmente entre aqueles que nunca leram Calvino! – tratar o ensino de Calvino sobre a predestinação como sendo este o centro de sua reflexão teológica. Mesmo entre eruditos pode-se incorrer neste erro. Segundo George (1993, p 230), o responsável por esta visão caricata da teologia de Calvino, teria sido o teólogo luterano Alexander Schweizer que, em 1844, "escreveu um livro no qual ele chamou a predestinação de o *Zentraldogmen* [dogma central] na teologia de Calvino". O próprio George demonstra o erro desta abordagem afirmando que, ao ler suas Institutas, percebe-se que "Calvino não começou com a predestinação, passando depois à expiação, à regeneração, à justificação e às outras doutrinas" (GEORGE, 1993, p 231). Do mesmo modo, para se compreender o lugar das Escrituras e a concepção calviniana do SS, é necessário ter uma noção geral de como este teólogo estruturou e sistematizou sua teologia. Em outras palavras, é

3. Calvino e o Sola Scriptura

mister compreender qual o lugar e o significado das Escrituras na teologia de Calvino.

Já vimos acima algumas consideráveis diferenças entre Lutero e Calvino. Sabemos que ambos têm como objeto formal de suas teologias o SS; porém, quanto ao objeto material, eles novamente divergem. O quadro abaixo ilustra esta questão.

Corrente	Objeto Formal[12]	Objeto Material[13]
Martinho Lutero	*Sola Scriptura*	*Sola Fide,*
João Calvino	*Sola Scriptura*	*Soli Deo Gloria*

O Catecismo Maior de Westminster, redigido pelos puritanos da Assembleia de Westminster no século XVII, se inicia com a seguinte pergunta: "Qual é o fim supremo e principal do homem"? Resposta: "O fim supremo e principal do homem é glorificar a Deus e gozá-lo para sempre". *Soli Dei gloria!* Somente a glória de Deus! Este sim é o "dogma central", por assim dizer, de João Calvino. Não se pode compreender a teologia de Calvino corretamente fora desta perspectiva. Esta mesma lógica se reproduz em todos os aspectos da teologia calviniana. Isto posto, cabe responder à pergunta acima: Qual o lugar das Escrituras na teologia de Calvino?

---
12 "O objeto material define a coisa de que uma ciência trata. É como se alguém fizesse um 'corte vertical' na espessura mesma do ente, e delimitasse nele uma região, para dela em seguida se ocupar. Trata-se do 'quê' *de um saber (objetum quod). Sinônimos de "objeto material" são: matéria-prima, temática, assunto, questão"* (BOFF, 2012, p. 41).

13 "O objeto formal indica o aspecto segundo o qual se trata o ente escolhido. É como *se fizéssemos agora um "corte horizontal" no objeto material, a fim de captar-lhe um nível ou camada. Aqui temos não o 'quê', mas sim o 'como' de um saber. Sinônimos de objeto formal são: aspecto, dimensão, faceta, lado, nível, razão específica"* (BOFF, 2012, p. 41).

Para respondê-la, analisaremos seus escritos sobre as Escrituras em sua principal obra; As Institutas.

George observa que a obra em quatro volumes segue o padrão do Credo Apostólico. Assim, do mesmo modo como o Credo se inicia com a afirmação de fé no Deus-Pai, Criador do céu e da Terra, também Calvino dedica o primeiro volume de sua obra ao "Conhecimento de Deus, o Criador" (GEORGE, 1993, p. 186). Por que do Deus Criador? Porque, Calvino desprezava toda e qualquer teologia especulativa. Não interessavam a ele especulações sobre as relações *ad intra* da Santíssima Trindade:

> Como a sua natureza essencial é incompreensível e está oculta à inteligência humana, ele [Deus] gravou em cada uma de suas obras certos sinais da sua gloriosa majestade, pelos quais ele se dá a conhecer segundo a nossa diminuta capacidade (...) embora a sua essência nos esteja oculta, não é assim com as suas virtudes (CALVINO, 2006, p. 63).

A doutrina da Criação, portanto, tem um papel fundamental na teologia de Calvino. Dela deriva um duplo conhecimento de Deus, a saber, "o conhecimento que se pode ter de Deus, e o de nós mesmos" (CALVINO, 2006, p. 55). Este duplo conhecimento de Deus é, para Calvino, a sabedoria plena; integral. George frisa bem que, ao escolher falar do 'conhecimento' de Deus, em vez de seu 'ser' ou 'essência', Calvino na realidade aponta para centralidade da revelação em sua teologia (GEORGE, 1993, p. 189).

Este conhecimento só é possível porque o mesmo Criador que revela seus atributos na natureza, dotou o homem da capacidade de reconhecer estas verdades espirituais. Assim, para Calvino, a religiosidade humana possui um caráter ontológico, tendo sido impressa universalmente no espírito humano pelo seu Criador. Este conhecimento, no entanto, traz em si uma ambivalência. Ao mesmo tempo em que a contemplação da Criação é para Calvino o meio mais eficaz para impulsionar o homem a buscar a Deus, fomentando nele "a esperança da vida futura" (CALVINO, 2006, p. 66), as luzes e o brilho da gloriosa criação deste magnífico teatro de Deus, não podem conduzi-lo pelo reto caminho (CALVINO, 2006, p. 68). Faz-se necessária uma revelação menos genérica, e mais específica:

> Consideremos que o Senhor se revela como o Deus que, após haver criado os céus e a Terra, espalhou sua graça e sua benevolência sobre todo o gênero humano. Todavia, sempre e perpetuamente nutriu, sustentou e manteve a sua graça especial para com os crentes, e, em reciprocidade, eles o conhecem e lhe prestam honra (CALVINO, 2006, p. 79).

Esta "graça especial" à qual Calvino se refere é a Palavra de Deus. Ela é instrumento da Divina Providência, como que um "socorro" e um "remédio mais eficaz à ignorância daqueles aos quais ele tem prazer em dar-se a conhecer para salvação" (CALVINO, 2006, p. 69).

Convém, contudo, esclarecer que Calvino entendia por "Palavra de Deus", não somente – como viria se tornar para os fundamentalistas – a palavra escrita; a Bíblia. Ao destacar que Adão, Noé, Abraão e outros patriarcas puderam conhecê-lo porque foram iluminados por sua Palavra, Calvino tinha bem em conta de que não se tratava da Palavra escrita, mas da manifestação de Deus a estes homens tanto por meio de oráculos, sonhos, anjos, ou por meio de um profundo exame de consciência (CALVINO, 2006, p. 69). Um exemplo disto encontra-se em seu comentário sobre o Gênesis, no qual Calvino expõe o que, no seu entender, poderia ter sido a Palavra de Deus dirigida a Caim, conforme Gn 4.9:

> De fato, é possível que Deus tenha interrogado Caim por meio de um exame silencioso de sua consciência e que ele, por sua vez, tenha respondido por meio de um descontentamento e murmúrio interior. Contudo, não se deve pensar que ele foi examinado meramente pela voz audível de um ser humano, mas por uma voz divina, de modo que sentisse que estava lidando com o próprio Deus. Tão frequentemente, as angústias ocultas da consciência nos convidam a refletir sobre nossos pecados, devemos nos lembrar que o próprio Deus está falando conosco (THOMPSON, 2015, p. 248).

Para Calvino então, Deus "fala" por meio de sua criação; "fala" no interior de cada ser humano, que é um ser por natureza religioso; "falou" por "oráculos e por revelações da Palavra de Deus" (CALVINO, 2006, p 70); falou-nos por Jesus, a Palavra encarnada e, finalmente, "fala" por meio das Sagradas Escrituras; assim como também "fala" por meio dos sacramentos e por meio da pregação (GEORGE, 1993, p. 192). O que confere então peculiaridade às Escrituras na teologia calviniana? O fato de que, nelas, "Deus quis gravar a sua verdade para ser perpetuamente lembrada". Ela é "o instrumento pelo qual o Senhor concede aos fiéis a iluminação do seu Espírito" (CALVINO *apud* GEORGE, 1993, p. 78). Por esta razão, "ela tem autoridade para os fiéis, que a recebem como se estivessem ouvindo a voz do próprio Deus" (CALVINO, 2006, p. 71).

Esta recepção, por sua vez, se dá não pela mera resposta da razão humana natural, mas é dependente da iluminação do Espírito Santo. Tem-se aqui, portanto, um movimento circular. Por um lado, Deus toma a iniciativa de se auto-revelar e ilumina seus fiéis pela Palavra e, por outro lado, concede a estes mesmos fiéis a Palavra como meio para que possam discernir o Espírito de Deus (CALVINO, 2006, p 76).

Concluindo, este é o lugar das Sagradas Escrituras na teologia de Calvino: elas têm uma função prática na vida dos cristãos e não se servem a especulações vãs. Através dela, Deus fala. Ela jamais deve ser compreendida fora de uma perspectiva cristológica. Ela é um instrumento gracioso da providência divina. Para Calvino ela é, portanto, uma instância de mediação.

3.3.2 As Imagens que Calvino usou para Descrever a Bíblia

Segundo George (1993, p. 192), Calvino usou de duas imagens com o intuito de descrever a Bíblia como instância de mediação. A primeira visa demonstrar como a Bíblia foi entregue ao homem; a segunda, ilustra qual a sua função na vida do cristão.

a. A Bíblia comparada a balbucios que uma babá [Deus] faz a uma criança [o homem]:

> Os antropomorfistas são também facilmente refutados, os quais imaginaram um Deus dotado de corpo, visto que frequentemente a Escritura lhe atribui boca, ouvidos, olhos, mãos e pés. Pois quem, mesmo os de bem parco entendimento, não percebe que Deus assim fala conosco como que a balbuciar, como as amas costumam *fazer* com as crianças? Por isso, formas de expressão como essas não exprimem, de maneira clara e precisa, tanto o que Deus é,

quanto lhe acomodam o conhecimento à pobreza de nossa compreensão. Para que assim suceda, é necessário que ele desça muito abaixo de sua excelsitude (CALVINO, 2006, p. 118).

Aqui se torna claro que, para Calvino, o conceito de literalidade não correspondia àquele hiper literalismo bíblico que os fundamentalistas adotariam mais tarde. Ele compreendia perfeitamente que, nas Escrituras, Deus falava por meio de uma linguagem humana, adaptada à capacidade de apreensão e de compreensão do homem, usando parâmetros e categorias do pensamento humano. Nesta imagem, as Escrituras são apresentadas como "balbucios" de Deus, devido à sua excelsitude de um lado, e a contrastante pequenez humana de outro.

b. A Bíblia comparada a lentes divinas para os míopes espirituais:

> Pois, assim como os olhos, ou toldados pela decrepitude da velhice, ou entorpecidos de outro defeito qualquer, nada percebem distintamente, a menos que sejam ajudados por óculos, de igual modo nossa insuficiência é tal que, a não ser que a Escritura nos dirija na busca de Deus, de pronto nos extraviamos totalmente (CALVINO, 2006, p. 155).

As figuras da decrepitude da velhice ou do entorpecimento remetem a um elemento importantíssimo na hamartiologia de Calvino: o efeito devastador da queda do homem no Éden ou, a total depravação da natureza humana. Por isso, sem estes "óculos", o homem enxerga, mas não vê. E de pronto, se extravia.

Concluindo, para Calvino a Bíblia é a Palavra de Deus revelada em linguagem humana. Uma instância de mediação necessária ao entendimento entenebrecido do homem decaído. Por meio dela, tanto o Espírito Santo ilumina o interior dos crentes, quanto os crentes se tornam aptos a discernir o Espírito Santo. Também para Calvino, a questão chave não era demonstrar "se" ou "como" a Bíblia é a Palavra de Deus (GEORGE, 1993, p. 195), já que este conhecimento era atestado interiormente pelo Espírito Santo. Para ele, importava antes compreendê-la dentro da Revelação soberana e amorosa de Deus às suas criaturas. Ir além disso, seria um ato de impiedade, presunção e arrogância da parte do homem.

3.3.3 O Exegeta Calvino

Uma vez compreendido o lugar das Escrituras dentro da teologia calviniana, podemos agora nos determos na especificidade do seu trabalho exegético. E é no exegeta e no pregador Calvino, mais do que no teólogo ou no escritor, que se evidencia sua maneira de ler a Bíblia. Isto porque os principais aspectos do labor teológico estão relacionados às áreas de conceituação, metodologia, sistematização, e outras de caráter mais teórico. Já quanto ao labor exegético, cabe lidar com a materialidade e a literariedade das Escrituras, a saber, com o conjunto de características específicas (linguísticas, semióticas, sociológicas) que permitem considerar um texto como literário, a fim de que este mesmo texto possa ser o mais completamente possível, lido e interpretado. E é no labor da exegese que o Calvino crente, reverente e humilde, que se prostrava ante as Escrituras reconhecendo-as como voz de Deus, se encontrará com o literato erudito de formação humanista, capaz de reconhecer nelas os mais diversos estilos literários (GEORGE, 1993, p. 194).

George afirma que "Calvino foi chamado 'o pai da erudição bíblica moderna', e sua obra exegética é sem paralelo na Reforma" (GEORGE, 2015[b], p. 30). Ainda segundo Thompson:

> Calvino lidava com o texto de forma ao mesmo tempo reverente e crítica. Ele duvidava tanto da autoria paulina de Hebreus quanto da autoria de 2 Pedro por parte de Pedro, a última por razões estilísticas, mesmo considerando ambos os textos canônicos. Na harmonia dos evangelhos sinóticos expressa por Calvino, ele geralmente tentava conciliar discrepâncias aparentes, tais como o número de mulheres no túmulo vazio, mas nunca perdeu de vista a humanidade e as personalidades distintas dos escritores evangélicos. Ele lidava abertamente com as diferentes sequências de tempo dadas para a purificação do templo [...] (THOMPSON, 2015, p. 194).

Por outro lado, a abertura de Calvino à crítica textual não era ilimitada. Um exemplo dos limites da abertura de Calvino ao pensamento crítico, mais especificamente à crítica textual, se dá em um episódio envolvendo o célebre Miguel de Serveto – o mesmo que viria, por sua rejeição aberta à doutrina da Santíssima Trindade, a ser acusado de heresia por Calvino e condenado à morte na fogueira pelo Consistório de Genebra. Quando morava em Lion, na França, Serveto foi escolhido, dentre muitos eruditos, para o trabalho de revisão de uma tradução latina da Bíblia, feita por Santes Pagnini:

> Em uma nota sobre Isaías 7.14, que Jerônimo traduzira como "uma virgem conceberá", Serveto explicou que a palavra hebraica não significava virgem, porém uma jovem mulher; observou que não se referia profeticamente

à Maria, mais simplesmente à esposa de Ezequias. Como o mesmo espírito, indicou que outras passagens aparentemente proféticas, do Velho Testamento, referiam-se apenas a figuras ou acontecimentos contemporâneos. Isto desconcertou tanto os protestantes como os católicos (DURANT, 1957, p.401).

Calvino, entretanto, não lidou somente com a crítica textual, mas também com fortes tensões entre fé e razão em seu tempo. A seguir, analisaremos como Calvino dialogou com os avanços científicos de seu tempo, muitos dos quais, confrontavam não somente a autoridade da Igreja como também a autoridade das Escrituras. Deste modo, sem sair da linha mestra que conduz este livro, analisaremos alguns de seus comentários sobre o livro do Gênesis, o qual será um dos principais centros de controvérsias e polêmicas durante o MFP no século XIX.

3.3.4 Calvino e o Pensamento Científico

Já vimos como o humanismo renascentista influenciou João Calvino por meio não só do humanismo bíblico de Erasmo como também por meio do estudo das fontes clássicas. Entretanto, o mundo de Calvino não era somente o mundo das letras. Ele viveu em um período de grande avanço das ciências naturais, em especial da Astronomia. Tratava-se de mais um aspecto deste período singular da História, desta verdadeira Revolução Cultural conhecida por Renascimento. A fim de que possamos compreender melhor este outro aspecto contextual do mundo no qual viveu Calvino, falaremos brevemente a seguir sobre a revolução comercial iniciada no século XII, seus antecedentes e suas consequências. Isto porque, além da crítica textual, o progresso das ciências naturais também colocaria em crise toda a cosmologia medieval e sua relação com os primeiros capítulos do livro do Gênesis.

A revolução cultural renascentista foi fruto de uma outra revolução que a precedeu: a revolução comercial e matemática iniciada no século XII. Esta, por sua vez, foi o resultado do "somatório de pequenas inovações técnicas introduzidas no cotidiano dos europeus de algumas regiões" (BRAGA; GUERRA; REIS, 2010, p. 18). Com a melhora da produção resultante destas novas técnicas, esta aumentou, resultando na reintrodução do dinheiro nas negociações comerciais. A reintrodução do dinheiro, por sua vez, trouxe para o cotidiano destes camponeses a necessidade de aprendizado do cálculo matemático; este, por sua vez, trouxe para os homens comuns o que era antes, um patrimônio exclusivo de intelectuais: o pensamento abstrato, no qual símbolos (a moeda) podiam representar objetos concretos (mercadorias). (BRAGA; GUERRA; REIS, 2010, p. 18). Some-se a isso a introdução dos algarismos indo-arábicos, de manuseio bem mais fácil do que os algarismos romanos. Como as relações de trabalho eram familiares, os filhos dos comerciantes passaram a ser, desde cedo, iniciados no universo matemático.

Esta demanda comercial levou à produção de manuais de aritmética, bem como à introdução do cálculo aritmético e da geometria no currículo das escolas financiadas pelos ricos comerciantes. Estes contribuíram para formar várias gerações de comerciantes e engenheiros:

> De forma geral, pode-se dizer que uma nova linguagem com base na precisão matemática ganhou as praças da Europa ao longo dos séculos XV, XVI e XVII. O gosto por

essa nova linguagem tomou conta do imaginário coletivo. Tornou-se inevitável nos meios acadêmicos a comparação entre as respostas dadas aos problemas matemáticos com as questões de cunho filosófico, em que as longas disputas raramente levavam a uma conclusão definitiva. Começaram a serem procurados novos caminhos, que utilizassem a linguagem matemática na busca da verdade (BRAGA; GUERRA; REIS, 2010, p. 21).

Mais tarde, "a educação clássica tornou-se a principal propriedade comum da elite italiana e substituiu a escolástica medieval" (KÜNG, 2000, p. 155). Esta mudança curricular foi significativa, marcando uma nova maneira de olhar o mundo. Por fim, gestou-se no Renascimento a concepção do que mais tarde seria chamado de Universo-Máquina, ou seja, o Universo compreendido não mais do ponto de vista exclusivamente teológico, mas do ponto de vista matemático, das leis da física natural:

> A partir do século XV (...), o intenso convívio com uma realidade cheia de máquinas fez com que começasse a surgir uma nova concepção de natureza. (...) A precisão dos relógios substituiu o movimento diário do sol, trazendo uma nova forma de se relacionar com o tempo. Os estudos astronômicos se intensificaram, e a mãe Terra, centro de um cosmo fechado, passou a ser considerada apenas mais um planeta, parte de um Universo que funcionava tal e qual um mecanismo, com um comportamento determinável, e regido por leis inflexíveis. Nesse sentido, não havia mais espaço para milagres. No Universo-Máquina, tudo já havia sido estabelecido no momento da criação, podendo ser compreendido pelo desmonte da engrenagem. O conhecimento das partes levaria à compreensão do todo. (BRAGA; GUERRA; REIS, 2010, p. 15).

Este novo olhar antropocêntrico, que se consolidará com a revolução cartesiana no início do século XVII, estará em perspectiva tanto dialógica quanto dialética na exegese calviniana, que buscará sintetizar e acomodar em uma visão teônoma, o homem como agente do progresso da ciência com a soberania divina.

3.3.4.1 A Teoria da Acomodação

O humanista, teólogo e reformador alemão Conrad Pellican (1478-1556), em seu comentário sobre Gênesis 1.9,10 afirma o seguinte:

> É pela vontade e mandamento de Deus que a terra produz sementes, não pelas suas propriedades naturais nem por aptidões que parecem ser suas. Depende da vontade de Deus a ocasião, o modo e a quantidade que ela produz. A produção de sementes é uma espécie de obra milagrosa por meio da qual Deus restaura aquilo que, pelo uso da humanidade, foi exaurido. As árvores também produzem seus frutos para alimentos de animais e pessoas, e tudo isso foi produzido antes de Deus ordenar que o Sol existisse. Não sem razão, mas pelo ensinamento da lei, aprende-se que tantas bênçãos surgiram por nossa causa, para não supormos que o Sol é Deus. Antes devemos atribuir todas as coisas a Deus, que "é quem opera tudo em todos" (THOMPSON, 2015, P. 82,83).

Percebe-se nitidamente que o conceito de literalidade do texto bíblico em Pellican é de tal maneira radical, que ele interpretava a afirmação paulina de que "há também diversas operações, mas é o mesmo Deus que opera tudo em todos" (Bíblia Sagrada, I Co. 12.6) de tal maneira, que ele supunha que, o que fazia com que as sementes crescessem e renovassem a natureza para alimentar homens e animais, era a ação imediata de Deus, dada na criação. O sol não era sequer necessário neste processo!

Já Calvino demonstra uma visão muito mais rica e interessante da relação entre os relatos concernentes à Criação e as novas descobertas das ciências naturais, como se pode observar em seu comentário sobre Gn 1.6: "E fez Deus os dois grandes luminares: o luminar maior para governar o dia, e o luminar menor para governar a noite; e fez as estrelas". Eis o seu comentário:

> Eis a diferença: Moisés, em um estilo comum às pessoas, escreveu sobre o que elas percebiam pelo senso natural, mesmo não sendo instruídas ou alfabetizadas. Os astrônomos, porém, investigam com grande minuciosidade tudo quanto a acuidade de mente humana é capaz de compreender. Esse tipo de estudo, porém, não deve ser desaprovado nem a sua ciência condenada do modo como alguns precipitados e frenéticos tendem a rejeitar tudo quanto ignoram. A Astronomia, pois, não é só um conhecimento prazeroso, é também de imensa utilidade. Ademais, não possível negar que essa arte desvela a admirável sabedoria de Deus (...) Certo é que Moisés, ao omitir os detalhes pertinentes à ciência astronômica, não pretendia desestimular-nos à busca desse objetivo, mas, por estar ordenado a ensinar tanto a simples e incultos como a eruditos, não lhe seria possível cumprir o seu ofício em declinar a esse método mais rudimentar de instrução. (...) Caso algum astrônomo investigue as dimensões reais das estrelas, ver-se-á que a Lua é menor do que Saturno. O que não é óbvio, pois ao olho nu a aparência é outra. É assim que Moisés adapta o seu discurso ao mais comum. (...) Não há, portanto, a mínima razão para os sabichões tacharem Moisés de indouto por ter descrito a Lua como o segundo luzeiro, pois ele não está nos chamando para entrar no céu, mas só apresentando a realidade patenteada a nossos olhos. Logo, que os astrônomos guardem para si o seu saber elevado. No entanto, porém, todo aquele que pela

contemplação da luz da Lua se dá conta do esplendor da noite e nisso se apraz será considerado culpado de ingratidão maligna, exatamente por isso, caso não reconheça aí a benevolência de Deus (CALVINO *apud* THOMPSON, 2015, P. 92,93).

Ora, o pano de fundo, o contexto mais amplo no qual estes teólogos viveram e escreveram é descrito pelo sociólogo alemão Max Weber (1864-1920) viria a chamar de "desencantamento do mundo". Para Weber, a RP representa o ápice de um grande processo histórico-religioso que teve início com as profecias do judaísmo antigo e, "em conjunto com o pensamento cientifico helênico, repudiava como superstição e sacrilégio todos os meios mágicos de busca de salvação" (WEBER, 2004, p. 96). A visão de Pellican, no entanto, ainda é a de um mundo "encantado", onde todos os fenômenos da natureza se dão por uma ação direta de Deus. O que as ciências naturais do século XVI estavam a comprovar, é que havia leis naturais e que esta mesma natureza poderia ser observada e compreendida pela razão, pelos conhecimentos matemáticos e por instrumentos capazes de proporcionar ao observador os meios adequados para se obter com precisão este conhecimento. Logo, o relato bíblico deixava de ser o ponto de partida da investigação científica e seus outrora santos escritores agora poderiam ser rebaixados à categoria de indoutos, ignorantes. E é aqui que Calvino se mostra genial. Ao invés de opor fé e razão, ele mantém-se fiel ao princípio agostiniano da Acomodação.

A formação em Direito de Calvino e todo o arcabouço de sua formação humanista, permitiram-lhe desenvolver um pensamento sistemático, no qual as diferentes partes – tal como em uma engrenagem – estando cada qual em seu lugar, se harmonizam com o todo. Fé e ciência, portanto, desde que compreendidas em seus lugares próprios, não entravam em choque na teologia calviniana. A Ciência está no âmbito da Graça Comum, enquanto as Escrituras situam-se na esfera da Graça Especial. Ambas, entretanto, cada qual em sua função – desde que "funcionando" devidamente em um (sistema) teônomo –, completam-se e colaboram para o propósito divino de levar o homem a conhecê-Lo, glorificá-Lo e gozá-Lo eternamente.

Por outro lado, o fato de que a ação de Deus sobre sua criação não podia efetivamente mais ser compreendida como imediata – como ainda entendia Pellican –, não impediu Calvino de reconhecer que, em última instância, a Criação com suas leis descobertas e divididas pelo saber científico, continuava sendo governada por Deus. Este conhecimento não só não intimidava Calvino como o estimulava a glorificar a Deus ainda de forma mais intensa. No prefácio do NT traduzido por Pierre Olivétan (1543). Calvino escreveu o seguinte:

> O ponto principal das Escrituras é trazer-nos a um conhecimento de Jesus Cristo (...) As Escrituras nos proveem com um espetáculo, através do qual nós podemos ver o mundo como a criação de Deus e sua autoexpressão; elas jamais pretenderam prover-nos com um repositório infalível de informações astronômicas e médicas (CALVINO *apud* PORTE Jr).

3.3.5 A Radicalidade Levada ao Extremo

O já citado caso de Miguel de Serveto é emblemático do grau de violência que Calvino e outros líderes protestantes de seu tempo podiam chegar. Hoje, as Igrejas de confissão Reformada defendem a independência entre Igreja e Estado, mas isto é fruto do desenvolvimento histórico e cultural do protestantismo pós-Reforma. Calvino era um homem de seu tempo e embutido em sua concepção teônoma estava também o lado que hoje – volto a repetir –, aos olhos dos cristãos do século XXI, é considerado execrável, inadmissível e totalmente reprovável: Calvino não somente combatia as heresias, mas também os hereges, e com pena de morte. Em carta sua datada de 9 de setembro de 1553, Calvino escreveu:

> Quando os papistas são tão impiedosos e violentos na defesa de suas superstições a ponto de desejar cruelmente o derramamento de sangue inocente, não se envergonham os magistrados cristãos de se mostrarem menos ardentes na defesa de sua crença inabalável? (CALVINO *apud* DURANT, 1957, p. 403).

Pois o Consistório de Genebra (que não era submisso à Igreja daquela Cidade-Estado, e com quem Calvino manteve uma tensa relação ao longo de toda sua vida) seguiu sua orientação e aceitou uma acusação em 38 artigos redigida pessoalmente por Calvino, na qual citações de obras de Serveto eram confrontadas com a Bíblia e com a ortodoxia cristã:

> Uma acusação era que ele havia aceito a descrição que Estrabão fizera da Judéia como sendo um país árido, ao passo que a Bíblia chamava-a de uma terra, onde fluíam o

leite e o mel. As acusações básicas eram que Serveto havia rejeitado a doutrina da Trindade e o batismo dos infantes; foi também acusado de ter, 'na pessoa do Sr. Calvino, desacreditado as doutrinas do Evangelho da Igreja de Genebra (DURANT, 1957, p. 403).

Calvino não hesitou em comunicar-se por meio do Conselho de Genebra com os juízes católicos de Viena, solicitando a estes informações sobre acusações de heresia que os católicos também tinham contra a pessoa de Serveto. "Um ato de cooperação, nada comum, de religiões que se hostilizavam" (DURANT, 1957, p. 403). Após pronta cooperação, e com a anuência oficial de todas as igrejas da suíça cuja opinião havia sido solicitada, Serveto foi condenado à morte:

> No dia 26 (de outubro de 1553), o Pequeno Conselho, sem que um só membro dissentisse, lavrou a sentença de morte baseando-se em dois pontos de heresia – o Unitarismo e a rejeição do batismo para o infante. Quando Serveto ouviu a sentença, disse Calvino, "chorou como um louco e... bateu sobre o peito, clamando em espanhol, *Misericordia! Misericordia!* Serveto pediu para falar com Calvino, implorou-lhe clemência; Calvino apenas concordou em dar-lhe as últimas consolações da verdadeira religião se retirasse suas heresias. Serveto recusou-se a fazê-lo. Pediu que o decapitassem em vez de queimá-lo. Calvino mostrara-se inclinado a apoiar-lhe esse pedido, mas o velho Farel, que desejava assistir à morte da presa, reprovou-o por aquela tolerância. O conselho votou que ele fosse queimado vivo (DURANT, 1957, p. 404).

Calvino foi muito criticado pela condenação de Serveto à morte, tanto por adversários políticos quanto por aliados, que viam em sua atitude um encorajamento para que os católicos franceses aplicassem, de igual modo, a pena de morte aos huguenotes. A resposta de Calvino veio em fevereiro de 1554 em sua obra *Defensio orthodoxae fidei de sacra Trinitae contra prodigiosos errores Michaelis Serveti*, no qual argumentou que:

> Se acreditamos na inspiração da Bíblia, saberemos então a verdade, e todos aqueles que a ela se opõem são blasfemadores e inimigos de Deus [...] Além disso, o próprio Deus deu-nos explicitamente instruções para matarmos os hereges e destruir com a espada qualquer cidade que abandone o culto da verdadeira fé revelada por ele (CALVINO *apud* DURANT, 1957, p 405).

Calvino se baseou em textos do AT, mais especificamente, em textos do Pentateuco, para embasar biblicamente sua violência. Durant (1957. p. 405) chama a atenção para o fato de que Calvino fazia com os "hereges" exatamente o mesmo que os católicos romanos de seu tempo faziam. Neste quesito, a substituição da *regula fidei* pela *sola scriptura* não foi suficiente para gerar uma tolerância "ampla, geral e irrestrita". Os pensadores que se afastassem de sua concepção teônoma, sujeita à Palavra de Deus, mereciam, a seu ver, a morte.

Neste sentido, pode-se dizer que o limite do humanismo cristão de Calvino era claro. A ciência não deveria transpor os limites de uma submissão à fé por meio de qualquer "pensamento livre". Aqui, muito embora leve-se em conta todas dificuldades de transpor um conceito do século XIX para o século XVI, evidencia-se o "fundamentalismo" em Calvino. Embora concebesse a magistratura civil e a Igreja como instituições independentes, ele não as concebia como pertencentes a dois reinos diferentes. Neste sentido, se uma heresia pudesse vir a contaminar a religião, esta certamente se faria sentir, mais cedo ou mais tarde, na sociedade como um todo, podendo vir a corroer o tecido social da cristandade. Esta relação de gradual ruptura num primeiro momento entre Igreja e Estado e, em um segundo momento, entre Igreja e Sociedade, somente aumentará e será determinante no surgimento do MFP quando analisado em seu aspecto sociológico.

Concluindo, no campo estritamente exegético, a formação humanista de João Calvino é preponderante. Ela é fruto de uma teologia que, seja ela em seu aspecto teórico – Calvino foi o sistematizador *par excellence* da RP – seja em seu aspecto prático, de caráter exegético e pastoral, permitiu uma concepção do SS ao mesmo tempo reverente e crítica.

Quanto ao sentido de literalidade do texto, também este é enriquecido em sua exegese, graças à influência do humanismo bíblico por um lado e da Teoria da Acomodação com relação aos novos paradigmas científicos de sua época, do outro. Neste processo, o sentido literal deve ser compreendido mediante uma leitura histórico-gramatical dos textos e, em sentido mais amplo, dentro do todo da revelação bíblica, sempre em perspectiva cristológica. Também a consciência das limitações científicas desses autores deve ser levada em consideração. Aqui, Calvino se mostra bastante devedor de Santo Tomás de Aquino e da teologia medieval "de que ele falava mal, embora certamente lhe devesse mais do que acreditava" (THOMPSON, 2015, p 336). Ambos, Calvino e Santo Tomás, divergiam quanto ao lugar das Sagradas Escrituras em seus sistemas teológicos, mas tinham uma mesma visão quanto à importância e à compreensão do sentido literal.

Mas o mais importante a se considerar na compreensão de Calvino e dos reformadores do SS é que:

> Em seus comentários bíblicos, os reformadores do século 16 revelaram uma íntima familiaridade com a tradição exegética que os precedera, e eles a usavam de modo tanto respeitoso quanto crítico em suas próprias explicações do texto sagrado. Para eles, *sola scriptura* não era *nuda scriptura*. Em vez disso, as Escrituras eram vistas como o livro dado à igreja, reunido e orientado pelo Espírito Santo (...). Conquanto os reformadores não pudessem concordar com o Concílio de Trento (embora alguns teólogos católicos recentes tenham contestado essa interpretação) de que a Escritura e a tradição eram duas fontes separadas e equáveis de revelação divina, eles acreditavam na equivalência da Escritura e tradição. Essa convicção moldava o modo como eles liam e interpretavam a Bíblia (GEORGE[b], 2015, p. 26).

Finalmente, há em Calvino uma forte ambiguidade, já que esperava-se de um homem de tal envergadura espiritual e intelectual; de sólida formação humanista, que demonstrasse uma tolerância condizente tanto com a fé cristã quanto com o humanismo, bíblico ou não. Sua abertura ao Humanismo e ao progresso da Ciência iam somente até o limite da religião; só que esta não mais imposta pela Igreja, mas pela Bíblia. Calvino é ambíguo e paradoxal. Por um lado se mostra genialmente aberto a todo o conhecimento que a mente humana pudesse produzir, e por outro, se este mesmo conhecimento escapasse aos limites de sua visão teônoma, não hesitava em combater mortalmente aos que o promoviam. Concluímos este capítulo com as palavras do grande historiador Will Durant, sobre as quais nos voltaremos mais adiante por sua relevância e precisão diagnóstica:

Entrementes, que fim levara o espírito de tolerância de Erasmo? Erasmo fora tolerante porque não alimentava certezas; Lutero e Melanchton abandonaram a tolerância ao progredirem em sua crença; Calvino, com uma precocidade incrível, convencera-se de seu credo desde os 20 anos. Alguns humanistas, que haviam estudado o pensamento dos clássicos e que não haviam sido afugentados para o rebanho de Roma, porque não gostavam da violência teológica, sugeriram, com certa hesitação, ser inatingível a certeza na religião e na filosofia e que, portanto, os teólogos e filósofos não deviam matar (DURANT, 1957, p. 406).

❖

4.

A Ortodoxia Protestante e o *Sola Scriptura*

Antes de prosseguirmos no pós-Reforma, é necessário ainda considerar o que foi a RP em sentido mais amplo, para além do campo estritamente hermenêutico. Muitos historiadores periodizam a História a partir de fatos marcantes; emblemáticos. Assim, a Queda de Constantinopla, em 1453, representa, para alguns historiadores, o evento que marca o fim da Idade Média e o início da Idade Moderna. Isto não significa que os historiadores que adotam esta periodização, estudem este evento específico e pontual como os astrônomos estudam um asteroide que, subitamente, cai do espaço sobre a Terra. Não. Eles sabem que não existe, no estudo da História, nenhum evento extrínseco à própria História humana, que "caia do céu", modificando-a forçosamente. Eles sabem perfeitamente que todo e qualquer fato está, naturalmente, interligado a uma cadeia de eventos. Reforçando: eles tão somente veem, em um determinado evento histórico, algo marcante; emblemático.

Assim, tradicionalmente, fala-se da RP como tendo início em 31 de outubro de 1517, quando Martinho Lutero afixou na porta de sua Igreja em Wittenberg, Alemanha, as suas 95 teses, nas quais questionava o poder da Igreja de vender indulgências aos fiéis. Mas a Reforma foi um movimento muito mais abrangente. Nas palavras de Mendonça:

> Mas o que foi mesmo a Reforma? A resposta simples poderia ser esta: a Reforma foi a humanização do homem, isto é, a Reforma fez o homem descer dos pedestais celestes, porque era visto e educado como se não pertencesse a este mundo, se pôr no mundo como parte dele e por ele responsável. Assim, a Reforma é uma das expressões do humanismo que começou no século XIV. A verticalidade cedeu lugar à horizontalidade que significou liberdade e responsabilidade do indivíduo perante si mesmo, o mundo e o próximo. Em suma, mas não resumindo, a Reforma colocou o homem individualmente perante Deus com suas culpas e necessidades. O indivíduo agora, solitário perante Deus, era o seu próprio sacerdote. É por isso que a Reforma significa, entre outras coisas, o início da secularização em todos os sentidos (MENDONÇA, 2007, p. 163).

Com um pé na objetividade do *sola scriptura* (até que esta objetividade e a segurança que dela advinha fossem postas em cheque pela evolução da alta crítica bíblica), e com o outro na subjetividade do *sola fide*, os teólogos protestantes do pós-Reforma se lançaram mar adentro, mas não somente naquele mar metafísico, hipostasiado de Platão: o mar dos teólogos protestantes foi também o além-mar das grandes descobertas do século XVI, para onde partiria o missionário reformado Villegagnon, a se corresponder com João Calvino de uma pequena ilha na baía da Guanabara, nas distantes terras da futura nação brasileira. Foi também o mar do livre pensamento humano, do Iluminismo e da era moderna. Ainda segundo Mendonça:

> O protestantismo, mais do que qualquer outra religião, sofre as injunções das correntes filosóficas e das mutações sociais, o que permite que seus teólogos naveguem num mar encapelado de ideias, mormente nos momentos de tormentas sociais e políticas [...] O pensador protestante está sempre no fio da navalha, entre a tradição teológica de sua confissão e a necessidade de repensá-la sempre, usando da liberdade que tem. Quando a ortodoxia se fecha, os que pensam a partir da atualidade circundante são anatematizados ou marginalizados, já que no protestantismo não há o mecanismo da excomunhão. A ausência do pensamento inovador faz com que o protestantismo, perdendo sua dinâmica, caia em letargia conservadora, tornando-se irrelevante. É o fruto do medo da liberdade [...] Esse medo da liberdade constitui o grande paradoxo do protestantismo, pois ele faz com que o protestantismo tenha medo de si mesmo (MENDONÇA, 2007, p. 164).

Falar sobre a OP é, portanto, falar de teólogos que viveram e teologizaram sempre "ao fio da navalha" ou, como propusemos, que navegaram com um pé na concretude do mundo real – buscando se apoiar na liberdade da razão para justificar a autonomia de sua fé – e, com o outro pé, em um barco metafísico, o "barco de Platão", o barco da Revelação divina. Este "segundo pé" foi lá colocado pela fé como resposta ao chamado eficaz e irresistível de um Deus soberano que os elegeu e predestinou. Nesta jornada, os teólogos protestantes, desde sempre, navegaram ora impelidos pela liberdade e pela coragem que sua autonomia lhes permitia, ora temendo esta mesma liberdade, como mencionou Mendonça. Entretanto, muitos vieram a encastelar-se em "terra firme", nos limites seguros de suas confissões de fé.

Neste capítulo, procuraremos compreender como o princípio do SS evoluiu nos países que adotaram a fé reformada, mas principalmente e ainda, na Genebra dos sucessores de Calvino. E será neste mesmo capítulo que se poderá verificar com mais clareza a diferença entre um MR e uma RE. Ambos possuem dinâmicas diferentes. A reforma foi um MR, de caráter mais profético, pastoral, cuja vitalidade a impulsionou "para fora". Já a OP foi um período de consolidação, e o estabelecimento de uma religião implica em um movimento "para dentro", para em torno de si mesma. Esta é uma das principais diferenças entre Calvino e o Calvinismo.

4.1 Conceituando Ortodoxia

O termo Ortodoxia se opõe ao termo Heterodoxia e significa "opinião justa, correta" [*doxa orthe*]. Com ele designou-se, no cristianismo antigo, "a doutrina e o viver do cristão conforme a verdade original de Jesus de Nazaré e de seus ensinamentos. Por isso opunha-se à heterodoxia, cujo erro era manifesto, no significado sinônimo de *pseudodoxia* [falsa opinião]" (GROSSI, 2002, p. 1054). O termo ganhou mais força e abrangência a partir do século IV, quando os primeiros Concílios Ecumênicos e a formação do cânone do NT foram forjados em sujeição ao critério da apostolicidade, corporificada na sucessão apostólica dos bispos. Segundo Costa:

> A "ortodoxia" enquanto sistema de pensamento, seja em que campo for, baseia-se nos seguintes pressupostos:
> 1. O ser humano pode conhecer a verdade;
> 2. A verdade é conhecida;
> 3. O que a comunidade ou grupo professa, corresponde à verdade.
>
> Desse modo, ainda que a posição ortodoxa não se considere necessariamente proprietária exclusiva da verdade, crê professá-la em seu sistema (COSTA, 1998, p. 2).

Costa (1998, p. 2) delimita o período de tempo entre a Reforma e o Iluminismo, principalmente o século XVII, como sendo aquele que ficou marcado pela rigorosa sistematização do pensamento dos reformadores, por parte dos teólogos que os sucederam. Ele também elenca outros nomes comumente dados a este período, tais como "Escolasticismo Protestante", "Ortodoxia Protestante" ou "Período Confessionalista". Na realidade, cada título enfatiza mais um ou outro aspecto particularmente relevante para os diversos historiadores do período. Buscaremos abordar, de maneira sucinta, cada uma destas classificações.

4.1.1 Escolasticismo Protestante

Aqueles historiadores como Olson que adotam esta classificação tem, como ponto central de seu olhar, a utilização que os teólogos deste período fizeram da lógica dedutiva aristotélica/tomista na elaboração de seus sistemas em seu aspecto formal (OLSON, 2001, p. 466). Tem-se aqui, aliás, um importante aspecto distintivo entre os períodos da Reforma e do pós-Reforma, já que Lutero havia afirmado em suas célebres 95 teses ser "um erro dizer que, sem Aristóteles, ninguém se torna teólogo" [tese 43], que "ninguém se torna teólogo a não ser sem Aristóteles" [teses 43 e 44] e que "é em vão que se forja uma lógica da fé, uma suposição sem pé nem cabeça [...]" [tese 46]. "Em suma [conclui Lutero], todo o Aristóteles está para a teologia como as trevas estão para a luz. Contra os escolásticos" [tese 50] (LUTERO, 1987, p. 17, 18).

Este retorno à filosofia e à lógica aristotélica se deve ao fato de que os sucessores dos reformadores, se viram diante de uma demanda generalizada de que a teologia daqueles pudesse ser exposta de forma sistemática. Nas palavras de Tillich:

> A ortodoxia clássica relaciona-se com uma grande teologia. Poderíamos chamá-la de escolástica protestante, com todos os refinamentos e métodos que a palavra "escolástica" inclui. Assim, quando eu falo de ortodoxia, refiro-me à maneira como a Reforma estabeleceu-se, enquanto forma eclesiástica de vida e pensamento, depois que o movimento dinâmico da Reforma terminou. É a sistematização e a consolidação das ideias da Reforma, desenvolvidas em contraste com a Contrarreforma (TILLICH2004[a], p 272).

E esta grande teologia a que Tillich refere-se, foi produzida, naturalmente, por grandes teólogos, formados em universidades onde o sistema educacional mantinha a filosofia aristotélica em seu currículo. Costa destaca os seguintes nomes:

4. A Ortodoxia Protestante e o Sola Scriptura

Entre os protestantes, por exemplo, Filipe Melanchton (1497-1560), um "eminente humanista", na Universidade de Wittenberg (1518), que era considerada "a Meca do protestantismo"; Pedro Mártir Vermigli (1500?-1562), em Oxford (1548); Jerônimo Zanchi (1516-1590), em Estrasburgo (1553) e depois em Heildelberg (1568); Conrado Gesner, em Zurique; e Teodoro Beza (1519-1605), em Genebra (1558), continuaram dando ênfase ao pensamento aristotélico, ainda que não do mesmo modo escolástico (COSTA, 1998, p. 4).

Ainda nas palavras de Costa (1998, p. 4), "a ortodoxia protestante demonstrou ser possível utilizar a filosofia aristotélica sem os pressupostos da teologia romana".

4.1.2 Ortodoxia Protestante

Ao que parece, aqueles que adotam esta terminologia, enfatizam o esforço que os teólogos do pós-Reforma fizeram para definir, de forma o mais objetiva possível, a doutrina de Deus (TILLICH, 2004[b], pg 36). No entanto, também é fundamental compreender as outras motivações destes teólogos, como a tentativa de chegar a uma fórmula de consenso entre luteranos, calvinistas e zwinglianos, com vistas a unificar não somente o protestantismo como religião, mas também todos os territórios protestantes numa espécie de pan-protestantismo. A aliança entre religião e Estado, sem a qual RP seria inconcebível, evoluía para uma espécie de simbiose, na qual a complexa e convulsiva conjuntura política influía diretamente e cada vez mais na agenda teológica dos pós-reformadores.

A situação política do pós-Reforma era tensa e já trazia os embriões da Guerra dos Trinta Anos[14] (TILLICH, 2004[a], p. 273). À época, alianças políticas dependiam de unidade teológica, o que levou os teólogos do pós-Reforma a buscar "falar uma mesma língua" teológica. Um exemplo disto foi o *Consensus Tigurinus*, documento elaborado em 1549, fruto do esforço de Calvino e do sucessor de Zwínglio em Zurique; Bullinger. Este consenso proporcionou a união das igrejas e também a aliança entre os cantões suíços.

4.1.3 Período Confessionalista

Olson (2001, p. 460) vincula o confessionalismo protestante ao contexto polêmico entre os teólogos do pós-Reforma e a Contrarreforma ou Reforma Católica. Segundo Olson:

> Em resposta ao Concílio de Trento e seus prováveis decretos e cânones, as comunhões protestantes magisteriais da Europa começaram a promulgar suas próprias confissões doutrinárias formais. Lutero escreveu os *Artigos de Smalcald* em 1537, para resumir de forma clara e sucinta sua versão da doutrina cristã para o novo concílio que estava em perspectiva. Pouco depois do encerramento de Trento, líderes luteranos criaram a *Fórmula de Concórdia* (1577), que é a declaração pormenorizada da doutrina luterana oficial.

---

14   Guerra dos Trinta Anos (1618-1648) – Trata-se de uma série de conflitos políticos-religiosos que envolveram de um lado a Alemanha e a Suécia e, de outro lado, a Áustria e a França. Inicialmente, a guerra foi movida por interesses religiosos que, gradativamente, cederam lugar a interesses econômicos e políticos. Em 1648, a Paz de Westfália marcou a separação entre Estado e Igreja, através do que ficou conhecido como Tratado de Westfália. A partir de então, todas as religiões cristãs tornaram-se iguais perante o Estado. Isto levou à diminuição da influência da religião sobre os assuntos de Estado, em especial, da Igreja Católica. Também pôs fim ao antigo sistema medieval, no qual a autoridade política suprema era depositada no Império e no Papado, dando-lhes direito de intervenção nos assuntos internos dos reinos e principados (SILVA, 2009).

Perto do fim do Concílio de Trento, cristãos holandeses reformados escreveram a *Confissão belga* (1561) e as igrejas suíças reformadas aceitaram o *Catecismo de Heildelberg* (1562), que se tornou a base para a maioria das confissões de fé reformada posteriores, inclusive a *Confissão de fé e Catecismo de Westminster* (1647/1648) dos presbiterianos (OLSON, 2001, p. 460).

Por tudo isso, a complexidade do momento histórico do pós-Reforma requer dos historiadores abordagens temáticas, já que a História começava a dividir-se em "Histórias". Com a ruptura da Reforma, o tecido único da cristandade ocidental rasgou-se. Não havia mais uma igreja, um império, uma cultura. Por esta razão, o escopo temático aqui tratado requer uma visão – ainda que bastante sucinta – do todo, já que os elementos do escolasticismo, o contexto polêmico com a igreja Católica, a relação simbiótica entre o Estado e as igrejas da RM e a necessidade de autoafirmação da identidade protestante, caminharam inextricavelmente. A visão do todo também é importante para que se possa compreender de que modo, especificamente, o princípio do SS deixou de ser usado naquele contexto principalmente exegético, vivencial e dinâmico dos reformadores para, gradualmente, ser aplicado às demandas auto afirmativas, apologéticas e polêmicas, nas quais se viram envolvidos os teólogos protestantes do pós--Reforma.

4.2 Protestantismo e Racionalismo

Segundo Tillich ([b], 2004, p. 50), "a teologia da Reforma suscitou um problema educacional próprio que a levou para o racionalismo". Trata-se de mais uma consequência prática da aplicação de um outro princípio protestante, o *sola fide*:

> A teologia de Lutero faz obra de concentração; concentração teológica, de um lado, e de outro, concentração sobre a experiência viva da fé. Segue-se daí certo número de recusas: recusa de considerar a existência de uma "fé morta" (o único pecado mortal é o pecado contra o Espírito, e sua consequência é o desaparecimento de toda fé), recusa da distinção agostiniana entre *fides quae*[15] e *fides qua*[16], ou da distinção operada por Pedro Lombardo entre *fides catholica* e *fides cum charitate*, recusa enfim de distinguir entre fé adquirida e fé infusa (WA 6, 84-86). Essas recusas procedem de posições. A fé se entende primeiro, segundo Lutero, como um processo salvífico cuja obra é realizada no homem pelo Espírito.
>
> [...] A *sola fide* luterana só é inteligível com a condição de perceber que depende de um novo balizamento do domínio da fé, em virtude do qual "crer" recebe uma extensão inédita. Recusando-se a distinguir no ato de fé um trabalho da razão e um trabalho do querer (e dos afetos), Lutero põe, de fato, que a fé é um dom do Espírito a toda pessoa e oferenda de toda a pessoa a Deus (LACOSTE; LOSSKY, 2004, p. 718-733).

Ainda segundo Lacoste; Lossky (2004, p. 726), esta concepção luterana da fé "bem que merece ser chamada de 'existencial'". Direta, i-mediata e i-mediada, esta "extensão

---

[15] *Fides qua*. [port.: 'fé que'] É a fé como um dom natural de Deus dado ao homem, pela qual este está aberto à transcendência e é capaz de a ela aderir.

[16] *Fides quae* [port. 'fé a qual'] é a fé a qual abre-se para a dimensão eclesial da fé. "Nessa comunidade eclesial e por meio dela, se pode conhecer o conteúdo da Boa Nova proclamada por Jesus Cristo e por seus discípulos: 'À revelação de Deus em Cristo corresponde a dimensão confessional-cognitiva da fé, como afirmação da realidade do acontecimento Cristo (credere Christum, fides quae)'" (SILVA, 2015).

inédita" da fé é que fornecerá a base para doutrina protestante do "sacerdócio universal dos crentes". Por meio desta inédita extensão do conceito de fé, todos os cristãos são, agora, seus próprios sacerdotes diante de Deus.

Isto gerou um problema quanto à aplicação prática deste princípio. Segundo Tillich, ele gerou um problema educacional que levou a teologia protestante ao racionalismo:

> A teologia da Reforma suscitou um problema educacional próprio que a levou para o racionalismo. No catolicismo romano a pessoa é salva ao acreditar no que a igreja acredita. É o que se chama de *fides implícita* (fé implícita). Quando alguém acredita no que lhe ensinam, recebe implicitamente a verdade ensinada pela Igreja Católica. Essa foi uma das práticas contra as quais a Reforma se rebelou. Em lugar da *fides implícita*, os reformadores ensinaram que todos os cristãos precisavam passar pela experiência da graça na fé. [...] Essa exigência gerava um problema no protestantismo. Significava que todas as pessoas precisavam ter o mesmo conhecimento básico das doutrinas fundamentais da fé cristã. No ensino dessas doutrinas não se emprega o mesmo método para o povo comum e para os candidatos às ordens, ou para os futuros professores de teologia, com a prática de latim e grego, da história da exegese e do pensamento cristão. Como se pode ensinar a todos? Naturalmente, apenas se tornarmos o ensino extremamente simples. Ora, tal simplificação tende a se tornar cada vez mais uma racionalização. Somos forçados a ensinar o que pode ser entendido pela razão, em cursos de educação religiosa, porque é necessário que todos conheçam o que diz o catecismo e o que tudo isso quer dizer (TILLICH[b], 2004, p. 50).

Ora, se todos os protestantes são sacerdotes de si mesmos, importa que todos, sem exceção, conheçam os conteúdos de sua fé por si mesmos, sem tornarem-se dependentes de sacerdotes ou mesmo de mestres. Entre os protestantes radicais, como os anabatistas, este problema foi facilmente resolvido com a dramática redução do conceito de igreja a uma mera "fraternidade ou comunidade viva de cristãos" (GEORGE, 1993, p. 285). Será entre as igrejas oriundas da RM – onde a necessidade de formar cristãos "independentes" não excluirá a presença e o destaque da figura do mestre em suas eclesiologias –, que terá lugar o fenômeno da racionalização da fé como 'fé explícita', a qual carregará consigo uma forte ambiguidade.

É neste contexto que estão inseridos os teólogos e mestres da ortodoxia reformada, o que também conferirá uma relação de simultânea continuidade e descontinuidade entre calvino e o calvinismo. Eles são muitos, mas destacaremos apenas dois, sendo o mais importante o segundo: Theodore Beza e François Turretini.

4.3 De Beza à Turretini: a Consolidação do Calvinismo

A RP ocorreu em uma mudança de era, e Lutero e Calvino foram profetas desta mudança no campo religioso. Como o estudo das religiões tem demonstrado, sempre se seguem aos grandes profetas (os quais, via de regra, caracterizam-se pela oralidade), aqueles que registram e sistematizam os seus ensinos. Neste processo, é natural que aqueles que o fazem, interpretem, atualizem e até desenvolvam os princípios de seus mestres, indo, eventualmente, além de suas palavras. Tal movimento é universal nas religiões de povos que conhecem a escrita, e a religião cristã não se constitui uma exceção. Assim, da mesma maneira que existem movimentos simultâneos de continuidade e descontinuidade entre, por exemplo, Francisco e os franciscanos, e entre Santo Tomás de Aquino e os tomistas, assim também, por semelhante modo, ocorrerão estes mesmos movimentos entre Calvino e os "calvinistas".

A ortodoxia reformada suíça inclui vários nomes de ilustres teólogos, mas nos ateremos aqui a apenas dois deles, ambos genebrinos e sucessores diretos de Calvino no Conselho de Pastores e na Academia de Genebra: Theodore Beza e François Turretini.

4.3.1 Theodore Beza (1519-1605)

João Calvino morreu em 1564, sendo substituído por Theodore Beza que, durante as quatro décadas seguintes, orientou a reforma genebrina. Beza era, assim como fora Calvino anos antes, mais um protestante francês que se refugiara em Genebra. Lá chegou fugindo de Lausanne. Beza era um humanista, escritor e poeta já reconhecido quando chegou a Genebra. Tornou-se colaborador de Calvino desde a primeira hora, quando este o recrutou para a recém fundada Academia de Genebra (REID, 1990, p. 67). "Sua tradução para o latim anotada do Novo Testamento grego (1556) e suas revisões posteriores do texto grego, estabeleceram sua reputação como o principal crítico textual do século 16 depois de Erasmo" (GEORGE, 2015[b], p 31).

Beza deu plena continuidade à obra iniciada por Calvino, na qual também se destacou por uma forte orientação pastoral. Na Academia de Genebra, fundada por Calvino em 1559, Beza também procurou dar continuidade à filosofia educacional do seu mestre. Foi o seu primeiro reitor, além de dividir com Calvino a cadeira de professor de teologia (VIEIRA, 2008, p 162). Sob sua liderança, a Academia de Genebra veio a tornar-se "o mais famoso centro de ensino protestante da Europa" (GAMBLE, 1990, p 97). Isto se deu não só pelas mudanças curriculares introduzidas por Calvino e mantidas por Beza – que incluíam, em grande parte, o abandono do *trivium* e do *quadrivium* medievais, substituídos por uma formação mais humanista, a qual incluía o estudo dos escritores pagãos, retórica e o fundamental estudo das línguas clássicas (VIEIRA, 2008, p 164) – como também pelo fato de que Genebra tornara-se Cidade Refúgio para os exilados protestantes que para lá acorriam. Muitos destes refugiados vieram a estudar com Calvino e com Beza e, após retornarem para seus países de origem, levaram consigo os escritos e a teologia de ambos.

Kendall (1990, p 301) é um dos muitos autores que pontuam em Beza o início do que ficaria conhecido por "calvinismo", ou seja, aquele "ir além" do próprio Calvino no ato de interpretar e sistematizar o seu pensamento bíblico:

> Foi essa questão de ir além de Calvino que, na verdade, se tornou conhecido por Calvinismo, pelo menos na Inglaterra. O homem que, mais do que qualquer outro, foi a mente que arquitetou o Calvinismo inglês, foi o sucessor de Calvino em Genebra, Theodore Beza (1519-1605). Beza talvez não desejasse que sua teologia fosse conhecida como Calvinismo, mas sua ação de sistematizar e dar estrutura à teologia teve o efeito de perpetuar um fenômeno que levava o nome de Calvino, mas que, dificilmente, era o pensamento puro de Calvino. O efeito teológico provocado por Beza

4. A Ortodoxia Protestante e o Sola Scriptura

foi tanto eclesiológico como soteriológico, extrapolando o pensamento de Calvino em ambas as áreas (KENDALL, 1990, p. 301).

Não nos deteremos a fundo nas referidas questões soteriológicas e eclesiológicas às quais Kendall se refere. Basta citar pontualmente que, em sua soteriologia, Beza é responsável pela formulação do supralapsarianismo, um ensino que afirma que os decretos da eleição e da reprovação tem prioridade sobre os decretos tanto da Criação como da Queda, de forma que pessoas que sequer haviam sido criadas, já estavam predestinadas à salvação ou à danação eternas (BERKHOF, 2007, p. 110). O tema da predestinação fora tratado por Calvino nos seus comentários sobre os capítulos 9 a 11 da epístola de Paulo aos Romanos, na qual o apóstolo tem como objeto de sua reflexão a relação entre a soberania e os decretos eternos de Deus e a eleição de Israel. KENDALL (1990, p. 310) considera o comentário de Calvino sobre Romanos 9.21 [*ou não tem o oleiro direito sobre a massa?*], o ponto mais próximo entre Calvino e Beza quanto à doutrina da predestinação, no sentido de que os homens são por Deus escolhidos de uma "massa corrupta". Eis o que escreveu Calvino:

> Ao aplicar a metáfora, devemos, além do mais, considerar que, como o oleiro não recebe nada do barro, seja qual for a forma que lhe dê, assim também não recebe nada do homem, qualquer que seja a condição na qual ele o tenha criado. Devemos simplesmente lembrar disto: que Deus seria privado de parte de sua honra caso não lhe fosse permitido exercer autoridade sobre o homem, de ser o árbitro de sua vida e de sua morte (CALVINO, 2001, p. 353).

A. H. Strong (1836-1921), teólogo batista calvinista norte-americano, também aponta descontinuidades entre Calvino e o calvinismo. Segundo Strong, pode-se perceber uma evolução no pensamento de Calvino desde as Institutas, seus primeiros escritos, até seus comentários sobre 1 Jo 2.2 – "ele é a propiciação pelos nossos pecados; e não somente pelos nossos, mas também pelos do mundo todo". Eis o comentário de Calvino:

> Cristo sofreu pelos pecados do mundo todo; não apenas por uma parte do mundo, mas por toda a raça humana; porque, embora no mundo todo não se ache nada merecedor do favor de Deus, contudo, ele sustenta a propiciação para o mundo todo porque, sem exceção, ele convoca todos à fé em Cristo que nada mais é do que a porta da esperança (CALVINO *apud* STRONG, 2003, 470).

Strong afirma ainda que:

> "[...] Calvino, conquanto na primeira obra, Instituição Cristã, evita informações definidas sobre a sua posição a respeito da extensão da obra expiatória, contudo nas suas últimas, os Comentários, admite a teoria da expiação universal. Por isso o supralapsarianismo não é calvinista, mas hipercalvinista (STRONG, 2003, p. 469, 470).

É verdade que Calvino, baseando-se nas Escrituras e em Santo Agostinho, cria literalmente na doutrina da predestinação e a chamava de "o horrível decreto" (CALVINO *apud* GEORGE, 1993, p. 233). Entretanto, assim como Lutero, recomendava as pessoas à Cristo caso elas duvidassem de sua eleição. "Para Calvino, a predestinação do princípio ao fim era um interesse pastoral" (GEORGE, 1993, p. 231). Segundo Kendall (1990, p. 309), Calvino considerava a ordem dos decretos divinos um assunto de natureza especulativa.

Na edição de 1559 das Institutas, a definitiva, Calvino situa o assunto dentro do capítulo reservado à obra do Espírito Santo, de forma que assim como a providência é uma extensão da doutrina da Criação, a predestinação é uma extensão ou "o clímax da doutrina do Deus Redentor" (GOERGE, 1993, p. 231). Já Beza em seu sistema teológico, coloca a doutrina da predestinação dentro da doutrina de Deus. Isto o leva a assumir e a afirmar a dupla predestinação como um decreto anterior à cruz, o que limitaria naturalmente o alcance da expiação. Desta forma, a "chamada do homem não eleito" é tão poderosa quando a do eleito, de forma que o sujeito pode manifestar – tanto para si mesmo quanto para os outros – toda uma aparência de eleição, o que incluiria o zelo, as boas obras e a santificação e, mesmo assim, não ser um eleito de Deus. "As implicações pastorais deste ensino são enormes. Um cristão sincero podia muito bem ter medo de ser um réprobo" (KENDALL, 1990, p. 307).

Ainda segundo Kendall: "[...] é neste ponto que podemos ver as sutilezas entre Calvino e Beza. Calvino apontava os homens a Cristo só quando eles duvidassem de sua eleição, ao passo que Beza indicava aos homens a sua santificação" (KENDALL, 1990, p. 307). Trata-se de um deslocamento importante e que terá enorme influência no surgimento do puritanismo, como veremos mais adiante. Também no plano eclesiológico, Beza explicitou e dogmatizou um presbiterianismo que era apenas implícito em Calvino (KENDALL, 1990, p. 301). Mas o "campeão da ortodoxia" calvinista seria François Turretini, do qual falaremos a seguir.

4.3.2 François Turretini (1623-1687)

Teólogo ítalo-suíço, era filho de Francesco Turrettini, que saiu de sua cidade natal Lucca, na Itália, em 1574, estabelecendo-se em Genebra, em 1592. Costa o chama de "o campeão da ortodoxia calvinista no século XVII" e "um legítimo representante do 'Escolasticismo Protestante' calvinista" (COSTA, 1998, p. 9). Gamble o chama de "um calvinista de primeira linha" (GAMBLE, 1990, p. 105). Como teólogo, Turretini participou da elaboração da *Formula Consensus Helvetica* (1675), que reafirmou a doutrina da "expiação limitada" conforme exposta no Sínodo de Dordrecht, também conhecido como Sínodo de Dort:[17]

> A *Formula Consensual Helvetica* é o último credo da Suíça calvinista. Foi escrito 111 anos após a morte de Calvino. Sua autoridade era limitada à Suíça e cessou de ter autoridade ali em 1722 – menos de meio século depois. Seu valor, entretanto, foi visto especialmente na América no século 19; A.A. Hodge a denominou "a [Formula Consensual

---

[17] Sínodo de Dordrecht. Também conhecido como Sínodo de Dort (Holanda, 1618 a 1619). Um proeminente aluno de Beza na Academia de Genebra de nome Jacobus Arminius retornou à Holanda e assumiu o cargo de professor de teologia da Universidade de Leyden. Armínio, por seu papel de proeminência no meio calvinista holandês, foi chamado para refutar as obras de um teólogo chamado Dirck Koornhert, o qual havia atacado algumas das doutrinas calvinistas, de modo especial, a da predestinação. Após profundas lutas de consciência, Armínio abandona suas convicções e adere às teses de Koornhert, à saber, que a predestinação não exclui o livre arbítrio humano. Armínio entrou em polêmica com outro professor da mesma Universidade, Francisco Gomaro. Embora tenha morrido em 1609, suas ideias continuaram vivas e cresceram no seio da igreja reformada holandesa. Em 1610, o partido "arminiano" produziu um documento de protesto com 5 pontos que resumiam os pontos em disputa: o *Remonstrantia*. Ao fim daquela década, o referido sínodo foi convocado. Este ficou conhecido por estabelecer a ortodoxia protestante reformada. Os teólogos de Dort refutaram um a um os cinco pontos dos remonstrantes. Sua declaração final, também em 5 pontos, ficou conhecida popularmente como "os 5 pontos do calvinismo" (GONZALEZ, 1995[c], p. 113).

Helvética] mais científica e completa de todas as confissões da Reforma. Sua eminente autoria e o fato de ela representar, distintivamente, a escola mais completamente consistente dos antigos calvinistas lhe confere uma importância clássica" (GAMBLE, 1990, p. 103).

A *Fórmula Consensual Helvética* encerrou o período confessionalista daquele país e Turretini foi seu principal colaborador. A *Fórmula*, em seus dois primeiros capítulos, ensina a inspiração divina das Escrituras, em conformidade com Calvino, mas acrescenta que "as consoantes e as vogais do texto hebraico, do AT, e o grego do NT são inspirados por Deus" (GAMBLE, 1990, p. 104). Há estudiosos que afirmam que o que Beza fez com a doutrina da predestinação, Turretini fez com a doutrina das Escrituras; alguns afirmando que Turretini se desviou de Calvino e outros defendendo que Turretini continuou Calvino mas em outro contexto e outro "clima teológico" (GAMBLE, 1990, p. 105). Importa aqui, menos a defesa de uma ou de outra linha, do que o reconhecimento do fato e as consequências futuras desta radicalização na evolução da teologia reformada e de sua concepção do SS.

A maior contribuição de Turretini, no entanto, viria a ser seu manual de teologia, o *Institutio Theologiae Elencticae* (Genebra, 1679-1685), em três volumes. Esta obra foi recentemente publicada no Brasil pela Editora Cultura Cristã, com o nome de "Compêndio de Teologia Apologética" (CTA). Segundo Costa:

> Neste tratado teológico, Turrentini expõe a teologia reformada de forma sistemática, lógica, precisa e científica; o seu método revela conhecimento de Aristóteles e de Tomás de Aquino. A *Institutio* "é a mais importante obra de

teologia sistemática escrita em Genebra durante o século XVII" (COSTA, 1998, p. 9).

Nesta obra, de caráter realmente apologético, Turretini "refuta Arminius", quanto ao livre arbítrio; Amyraut[18] quanto à natureza da expiação; Lutero quanto aos sacramentos; e a Igreja de Roma e os racionalistas quanto à natureza e autoridade da Bíblia (COSTA, 1998, p. 9). Nos ateremos ao segundo tópico do primeiro volume de seu compêndio: "As Sagradas Escrituras". Dentro deste contexto amplamente polêmico, a busca pela racionalidade, o estilo escolástico e a acuidade na definição de cada termo levarão Turretini – assim como Beza o fizera com a doutrina da predestinação –, a ir além, e muito além de Calvino em alguns aspectos de sua concepção da natureza das Escrituras.

A estrutura do CTA é idêntica a da Suma Teológica de Santo Tomás de Aquino: em primeiro lugar, uma questão é proposta; em seguida, é descrito o argumento que o autor pretende refutar e, por último, pela via da lógica e "seguindo as leis do método acurado" (TURRETINI, 2011, p. 39), Turretini não somente derruba os argumentos contrários como demonstra, racionalmente, a veracidade e a consistência das Sagradas Escrituras.

O primeiro tópico é sobre a Teologia, justificando que:

> Ainda que a questão proposta possa parecer quase desnecessária (...), devemos enfrentar a opinião dos que

---

18 Moisés Amyraut (1596-1664). Teólogo calvinista francês. Em seu sistema, buscava sintetizar o universalismo e o particularismo da obra expiatória de Cristo. Defendia, como os agostinianos, que "a salvação é suficiente para todos e eficiente para os que creem". A citada *Formula Consensus Helvetica* de 1675 rejeitou esta concepção, afirmando a expiação limitada, ou seja, Cristo morreu somente pelos eleitos, e condenando Amyraut como herege (GAMBLE, 1990, p. 104).

não a apreciam, em virtude do fato de que ela não ocorre na Escritura e é usada para indicar o falso sistema dos pagãos, e que julgam ser preferível usar outros termos extraídos da Escritura" (TURRETINI, 2001, p. 39).

Após demonstrar que a palavra teologia não se encontra na Escritura "com som e sílabas", Turretini argumenta que ela está contida na Escritura "quanto ao sentido e as coisas significadas [ou materialmente, ou no concreto]" (TURRETINI, 2011, p. 39). Já neste primeiro tópico observa-se, entre os calvinistas, a necessidade da presença literal de um termo nas Escrituras para que este tenha relevância como objeto do estudo teológico. Teologia – conclui Turretini – "não ocorre na Escritura na primeira forma, mas na segunda" (TURRETINI, 2011, p. 39).

Após ter fundamentado teórica e biblicamente o ato de teologizar, Turretini trata então, já no segundo tópico, sobre as Sagradas Escrituras. Em suas palavras, "como a Palavra de Deus é o único princípio da teologia, a questão concernente à sua necessidade merecidamente vem antes de todas as coisas" (TURRETINI, 2001, p 103). Aqui, Turretini reafirma, agora de maneira mais robusta, teoricamente falando, a delimitação protestante quanto ao objeto formal de sua teologia: SS.

Destacaremos de seu CTA, alguns sub tópicos particularmente relevantes para a compreensão que Turretini tinha das Escrituras.

4.3.2.1 A Pureza das Fontes

Décima Pergunta: "Os textos originais do Antigo e do Novo Testamento chegaram até nós puros e não corrompidos? Isso afirmamos contra os papistas" (TURRETINI, 2011, p 163).

Aqui, Turretini distingue entre textos autógrafos e textos apógrafos. A questão em disputa não diz respeito aos textos apógrafos, mas aos autógrafos. Naturalmente, fala-se em tese, teoricamente, uma vez que não há textos autógrafos e, nesta polêmica entre católicos e protestantes, ambas as partes sabiam disso. O Concílio de Trento (1545-1563), que representou o confessionalismo católico romano em resposta à teologia dos reformadores, havia estabelecido que:

> [...] a Escritura e a tradição oral deveriam ser tidas "em idêntica, pia reverência e devoção". A Bíblia contém a revelação divina, mediada através dos apóstolos, mas não em sua totalidade. A verdade e a unidade da revelação de Deus requerem a Escritura e a tradição oral, transmitida pelos apóstolos e preservada pela igreja em seu magistério (DREHER, 2006[a], p. 101).

Ademais, os teólogos católicos argumentavam que seria impossível que, através de quinze séculos, o sentido original dos textos autógrafos tivessem sido preservados, de maneira que a doutrina cristã pudesse ser encontrada somente na Escritura. Por conseguinte, o SS não se sustentaria. Somente no Magistério da Igreja – por intermédio de quem o Espírito Santo, pela via da sucessão apostólica, corporifica Cristo na História – reside a garantia da correta interpretação das Escrituras (TURRETINI, 2011, p. 141).

A todo caso, o que interessa não é tanto o mérito da polêmica em si quanto ao método, ou o modo como Turretini defendeu sua tese. Turretini enumerou vinte e seis argumentos em prol de sua tese, sendo o primeiro deles – certamente não por acaso – a providência de Deus.

Naturalmente, o testemunho interior do Espírito Santo não poderia se dar sobre Escrituras corrompidas em seus originais; por isso, a intenção de Turretini foi resguardar o princípio hermenêutico reformado do SS. A descontinuidade, no entanto, consiste no fato de que Turretini, sutilmente, colocou maior ênfase da providência divina numa suposta autoridade da Bíblia em si mesma, materialmente falando, do que naquela chancela interior do Espírito Santo, que era mais importante para Calvino:

> Uma coisa é falar das tentativas de hereges em corromper alguns manuscritos (o que prontamente admitimos). Tais tentativas deram origem às queixas dos pais; por exemplo, contra Marcião (Irineu, *Against Heresies* 1.27 [ANF 1:352]); Orígenes, sobre Romanos 16.13 (*Commentariorum... ad Romanos* [PG 13.1271]); e Teodoreto de Cirrus contra Taciano (*Haereticarum fabularum compendium* [PG 83.370-71]). Coisa muito diferente é falar de seu sucesso ou de corrupção universal. Isso negamos, seja em virtude da providência de Deus, que não lhes permitiria levar a cabo sua intenção, seja em virtude da diligência dos pais ortodoxos que, estando de posse de vários manuscritos, os preservaram isentos de corrupção (TURRETINI, 2011, p. 170).

Muito embora seu esforço intelectual e sua erudição teológica e histórica tenham sido colocados em favor de defender a suficiência das Escrituras, Turretini acabou por estabelecer ao mesmo tempo uma continuidade e uma descontinuidade com o pensamento de Calvino. Continuidade no sentido de demonstrar a autoridade e a suficiência das

Escrituras como fonte única de fé e prática da Igreja; descontinuidade no sentido de, devido ao contexto polêmico e ao método escolástico que adotara, se distanciar daquela aproximação menos sistemática e apologética e mais vivencial e exegética que caracterizou a leitura de Calvino das Escrituras.

4.3.2.2 A Suprema Autoridade do Texto Massorético

Décima Segunda Pergunta:

> Atualmente, o texto hebraico em coisas e em palavras é autêntico e inspirado (*theopneustos*), num sentido tal, que todas as versões existentes devem submeter-se a ele como norma e, onde quer que variem, devem ser corrigidas por ele? Ou podemos abandonar a leitura que ele fornece, se julgada menos apropriada, e corrigi-la por comparação de tradutores antigos ou por julgamento e conjecturas adequadas (*stochastike*), e seguir outra leitura mais adequada? Afirmamos a primeira e negamos a segunda (TURRETINI, 2011, p 175).

Segundo Turretini (2011, p. 175), é necessário defender a autoridade do texto sagrado, pois nele é que reside "o fundamento primário da fé". Nesta questão a controvérsia não é contra os papistas, mas contra um teólogo huguenote francês chamado Louis de Cappel (1585-1658). Charlesworth esclarece o contexto:

> Em 1616, o viajante italiano Pietro della Valle adquiriu, em Damasco, uma cópia do Pentateuco Samaritano, que foi trazido para Paris, sete anos depois. Esta descoberta

4. A Ortodoxia Protestante e o Sola Scriptura

causou sensação entre estudiosos bíblicos porque, com o Pentateuco Samaritano, circula agora entre eles um texto bíblico em hebraico, que diferia em muitos casos, a partir da Bíblia hebraica tradicional, o Texto Massorético. Além disso, muitas das variantes hebraicas no Pentateuco Samaritano, concordavam com os textos da antiga tradução grega, a Septuaginta. Até este momento, a Septuaginta tinha sido geralmente considerada como uma tradução não confiável do Texto Massorético, mas agora havia evidências de que ela poderia ter sido baseada, pelo menos em parte, em textos hebraicos que diferiam do Texto Massorético. Para os estudiosos bíblicos, o intrincado padrão de acordos e desacordos entre estes três textos – TM (Texto Massorético), PS (Pentateuco Samaritano) e LXX (Septuaginta) – tornou-se um desafio para a noção de que o TM foi o *veritas* Hebraica, a imutável "verdade hebraica". Os estudiosos começaram a considerar a possibilidade de que algumas dos textos discrepantes no PS ou na LXX podem preservar um texto bíblico melhor ou mais original do que a leitura correspondente em MT. Assim, a disciplina acadêmica moderna da crítica textual da Bíblia hebraica nasceu. Seu primeiro grande marco foi a obra *Sacra Critica* escrita pelo estudioso francês Louis Cappel, publicado em 1650. Embora a obra de Cappel tenha sido vigorosamente denunciada na época como herética, não levou muito tempo até que os estudiosos bíblicos começassem a adotar seus métodos (CHARLESWORTH, 2006, p 149, 150 – tradução nossa[19]).

---

19 In 1616, the Italian traveler Pietro della Valle acquired in Damascus a copy of the Samaritan Pentateuch, which was brought to Paris seven years later. This discovery caused sensation among biblical scholars, because in the Samaritan Pentateuch they now gad a biblical text in Hebrew that differed in many instances from the tradicional Hebrew Bible, the Masoretic Text. Moreover, many of the Hebrew variants in the Samaritan Pentateuch agreed with readings in the Old Greek translation, the Septuagint. Up to this time, the Septuagint had been generally regarded as an unreliable translation of the Masoretic Text, but now there was evidence that it may have been based, at least in part, on Hebrew texts that differed from the Masoretic Text. To biblical scholars, the intricate pattern

É correntemente sabido que uma das diferenças entre católicos e protestantes em relação à Bíblia Sagrada, se dá com relação ao cânon do AT. Os católicos usam o cânon da LXX, enquanto os protestantes usam o Texto Massorético, a Bíblia Hebraica. Quando Cappel se debruçou sobre uma terceira fonte, o Pentateuco Samaritano, analisando comparativa e criticamente as três fontes, ele retirou o cânon protestante do AT de seu "pedestal de sacralidade"; já que, para Turretini:

> (...) a questão não é só se no exame e comparação dos códices (quer manuscritos ou impressos) podemos usar nosso julgamento e a faculdade racional para distinguir a leitura mais aprovada e decidir qual é a melhor e mais adequada, mas **se é lícito fazer conjecturas críticas sobre o texto sacro** [grifo nosso] (justamente como se faz na autoridade profana), mudando letras e pontos e até mesmo todas as palavras, quando o sentido oriundo da leitura atual não nos parecer apropriado. Isso é o que o homem erudito defende e nós negamos (TURRETINI, 2011, p 178).

De fato, Turretini não clamava inerrância para os escribas que reproduziram os muitos códices do AT. Seu ponto é que ele atribuía à Divina Providência a preservação da integridade autoritativa do códice hebraico de tal maneira, que os

---

of agreements and disagreements among these three texts – MT (Masoretic Text), SP (Samaritan Pentateuch), and LXX (Septuagint) – posed a challenge to the notion that MT was the *hebraica veritas*, the unchanging "Hebrew truth." Scholars began to consider the possibility that some of the variant readings in SP or LXX may preserve a better or more original biblical text than the corresponding reading in MT. Thus, the modern scholarly discipline of the textual criticism of the Hebrew Bible was born. Its first major landmark was the *Critica sacra* by the French scholar Louis Cappel, published in 1650. Though Cappel's work was loudly denounced at the time as heretical, it was not long before biblical scholars began to adopt his methods. (CHARLESWORTH, 2006, P 149, 150).

4. A Ortodoxia Protestante e o Sola Scriptura

inevitáveis erros nos muitos processos reprodutivos, fossem feitos por ignorância ou por dolo, pudessem ser corrigidos e restaurados "por uma comparação dos vários manuscritos e da própria Escritura" (TURRETINI, 2011, p 181). Para isso Turretini cita Calvino, que também se remetia à Bíblia Hebraica como referência.

Sua preocupação era que, com tantas leituras e conjecturas, fosse impossível manter a infalibilidade das Escrituras, pela introdução de uma dupla incerteza: a da leitura e a do sentido. Sem um fundamento seguro, toda a interpretação bíblica ficaria sujeita à vontade e à decisão da mente humana. (TURRETINI, 2011, p 181). No entanto, Cappel não tinha por intenção nem desautorizar as Escrituras, nem solapar o fundamento do SS. Sua argumentação não era teológica, mas histórica e, principalmente, filológica. Segundo Buernett:

> Ele [Capell] aduziu argumentos tanto da história quanto da filologia para apoiar seu ponto de vista. Ele ressaltou que os judeus sempre tinham usado textos não vocálicos no culto da sinagoga e que os pontos vocálicos propriamente nunca foram mencionados na literatura judaica antes do Talmude. Seus principais argumentos contra a antiguidade dos pontos vocálicos, no entanto, foram os filológicos. Ele acreditava que muitas passagens da Septuaginta só poderiam ser explicadas se os tradutores tivessem usado um texto hebraico não vocálico como seu *vorlage* [submisso]. Cappel argumentou que o testemunho das versões, os Padres da Igreja, e os Targuns não poderiam ser deixados fora de consideração quando se estuda a história do texto bíblico. No entanto, ele não acredita que o texto da Bíblia hebraica tornou-se menos autoritativo, como resultado de suas descobertas. Ao empregar o que Laplanche chamava "princípio de totalidade", considerando as palavras individuais da Escritura em seu contexto, Cappel

argumentou que quase qualquer texto bíblico poderia ser compreendido (BUERNETT, 2008, p 790 – tradução nossa[20]).

Algumas considerações deste significativo capítulo da obra de Turretini:

a) Quanto à afirmação de Turretini de que "é necessário defender a autoridade do texto sagrado, pois é nele que reside 'o fundamento primário da fé'". Primeiramente, voltando brevemente ao CTA, Turretini levanta seis subquestões concernentes ao estabelecimento do problema para, em seguida, elencar treze respostas, devidamente enumeradas. Há, tanto no estabelecimento das questões quanto nas respostas, uma hierarquia de importância, sendo a primeira sempre a mais importante. A afirmativa acima consta na primeira subquestão e revela a preocupação precípua de Turretini: o que está em jogo é "o fundamento primário da fé" que, em sua concepção, é o texto sagrado.

Convém, aqui, voltar à Calvino e colocá-lo "em diálogo" com Turretini, a fim de identificar em que Turretini continua, e em que descontinua as concepções calvinianas do SS. A questão é: a autoridade do texto sagrado realmente

---

[20] He [Capell] adduced arguments both from history and philology to support his point of view. He pointed out that jews had always used unvocalized texts in sinagogue worship and that the vowel points themselves were never mentioned in Jewish literature before the Talmud. His principal arguments against the antiquity of the vowel points, however, were philological ones. He believed that many passages in the Septuagint could only be explained if the translators had used an unvocalized Hebrew text as their vorlage. Cappel argued that the testimony of the versions, the Church Fathers, and the Targums could not be left out of consideration when studying the history of the biblical text. Yet he did not believe that the Hebrew Bible text had become less authoritative as a result of his findings. By employing what LAPLANCHE called the "principle of totality", considering the individual words of Scripture in their context, Cappel argued that almost any biblical text could be understood (BUERNETT, 2008, p 790).

4. A Ortodoxia Protestante e o Sola Scriptura

depende de um original? De fato, Calvino afirma que "a fé não possui outro fundamento além da doutrina de Deus", e nisto está em concordância com Turretini (CALVINO, 2001, p. 386). Porém, não se pode esquecer a unidade orgânica da teologia de Calvino entre as Escrituras e o Espírito Santo. Segundo Lopes:

> Calvino integrou indissoluvelmente a doutrina do Espírito Santo aos demais temas e áreas da teologia, como regeneração, santificação, os meios de graça, e o conhecimento de Deus, entre outros. A Pneumatologia de Calvino, igualmente, abrangia e permeava todos os demais departamentos da Enciclopédia Teológica. Sua teologia é uma unidade orgânica, onde o Espírito aparece apropriadamente como o Soberano dinamizador (LOPES, p. 3,4).

E era nesta relação orgânica que se dava, no interior do cristão, a confirmação da credibilidade da Bíblia como Palavra de Deus, conforme nos diz George:

> Para Calvino, não havia nenhuma plataforma epistemológica independente sobre a qual os cristãos pudessem postar-se e decidir objetivamente a favor ou contra a Bíblia. Como alguém poderia saber que a Bíblia era a Palavra de Deus? Tal segurança só poderia existir se o mesmo Espírito Santo que inspirou os profetas e apóstolos estivesse presente para iluminar a mente da pessoa e confirmar dentro dela a verdade que fora revelada. [...] A capacidade de "reconhecer" a Bíblia como Palavra de Deus, então, não era aptidão adquirida com estudo acadêmico, nem percepção obtida por pressuposições dogmáticas; antes, era o livre dom do próprio Deus. Para o cristão, iluminado pelo Espírito Santo, havia correlação direta entre os momentos de inspiração e de saber. Calvino deu pouco tempo para as

várias provas da autenticidade da Bíblia se demonstrarem. Ele declarou francamente que precedem "incipientemente, porém, [aqueles] que desejam que se prove aos infiéis que a Escritura é a Palavra de Deus, porque, a não ser pela fé, [isso] se não pode conhecer" (GEORGE, 1993, P 195,196).

Também Reid afirma o mesmo:

> O seu princípio formal era a autoridade das Escrituras, do Antigo e do Novo Testamento. Ele [Calvino] acreditava que a Bíblia era a Palavra de Deus escrita. Não obstante o esforço de alguns, em anos recentes, em incluir o apoio de Calvino a várias formulações doutrinárias sobre inspiração verbal, inerrância das Escrituras ou coisas semelhantes, Calvino não faz qualquer declaração explícita sobre esse assunto. Sua opinião era que a Bíblia é reconhecida como a Palavra de Deus, não por deduções lógicas ou por observações e testes experimentais, mas porque o Espírito Santo testifica ao crente que ela é a Palavra de Deus (REID, 1990, p. 62).

É claro que Calvino se remetia à Bíblia Hebraica como fonte de suas traduções bíblicas e de suas exegeses. Portanto, levantar a questão sobre qual teria sido sua reação à descoberta do Pentateuco Samaritano, quanto à obra de Cappel e à natureza de sua crítica textual ao texto vétero testamentário, bem quanto à possibilidade de o texto hebraico não ser o texto original, talvez pareça ser "a" questão. Mas, de fato, como tem sido demonstrado, não é. A descontinuidade entre Calvino e Turretini quanto ao princípio do SS, reside no fato de que Turretini, no afã de defender o primeiro e principal fundamento da teologia reformada, modifica a organicidade da teologia de Calvino.

4. A Ortodoxia Protestante e o Sola Scriptura

Desta forma, ao defender que a Bíblia Hebraica havia providencialmente sido preservada de tal forma que não deveria sequer ser admitida a crítica de seu texto, Turretini acaba estreitando por demais a compreensão do SS. É como se, para Turretini, o Espírito Santo dependesse da letra para poder operar a genuína fé. Com isso, o conceito de literalidade foi significativamente modificado:

> Turretini admitiu enfaticamente a inspiração verbal em toda a Escritura de forma bastante extrema, que quase a considerava uma forma de transcrição do Espírito Santo. Uma das grandes curiosidades da história da teologia cristã é a alegação de Turretini de que até os pontos vocálicos do texto hebraico no AT são divinamente inspirados e, portanto, inerrantes! Na época de Turretini, os estudiosos já sabiam que o texto original das Escrituras hebraicas não continha pontos vocálicos. Eles foram acrescentados pelos estudiosos judaicos chamados massoretas no século VI d.C. Para proteger a Bíblia da ambiguidade quanto ao seu conteúdo e significado exatos, o teólogo escolástico argumentou que o texto massorético do AT é inspirado e inerrante e não precisa de nenhuma correção baseada em manuscritos hebraicos mais antigos (OLSON, 2001, p. 572).

Turretini, de fato, reafirma Calvino, ao escrever que o Espírito fala tanto objetivamente na Palavra quanto opera eficientemente no coração a fim de imprimir a verdade no coração do crente (TURRETINI, 2011, p. 145). Entretanto, sua preocupação em defender a Escritura de uma crítica cada vez mais abrangente, o levou ao que Olson denominou "enriquecimento das categorias da teologia protestante depois da primeira geração de reformadores" (OLSON, 2001, p. 571). A mudança é muito sutil, mas decisiva.

b) Nesse "diálogo" entre Calvino e Turretini quanto ao SS, um ponto teológico importantíssimo da teologia de Calvino que não deve nunca deixar de ser levado em consideração é a sua eclesiologia. Calvino preservou "as desgastadas metáforas de *Mater et Schola*" (GEORGE, 1993, p. 236) em sua eclesiologia bipolar – igreja invisível e igreja visível. Sobre a igreja visível, repousa "uma autoridade real, ainda que relativa e subordinada" (GEORGE, 2015[a], p. 97).

Ainda segundo George (2015[a], p. 97), "era essa autoridade instrumental da igreja que Calvino tinha em mente quando observou que não teria crido na Bíblia a menos que tivesse sido levado a isso pela igreja". Calvino não rejeitava a Tradição e muito menos o seu valor. Tanto ele quanto Lutero preservaram e mantiveram-se fiéis à autoridade dos primeiros cinco concílios ecumênicos, os quais consideravam legítimos. Do mesmo modo, ambos preservaram o Credo Apostólico como símbolo de fé da Igreja. Por isso, ao ser acusado de anti-trinitarianismo por Pierre Caroli (sob o argumento de que em sua primeira edição das *Institutas* Calvino só falara em Deus e não dera atenção à doutrina da Santíssima Trindade), Calvino, que como mencionado acima, considerava essa uma heresia digna da mais alta punição, surpreendentemente não se preocupou em adotar uma terminologia exclusivamente bíblica, dentro dos limites da revelação; apenas. Segundo George:

> Calvino recusava-se a deturpar as Escrituras a fim de sustentar a doutrina da Trindade. Os textos-prova muito usados para a Trindade, tais como a forma plural de Deus (*Elohim*), em Gênesis 1, a tríplice manifestação de louvor dos serafins, em Isaías 6.3, ou a afirmação de Jesus "eu e o Pai somos um" (Jo 10.30), Calvino considerava provas fracas e

espúrias para uma doutrina tão importante (GEORGE, 1993, p 199).

Calvino tampouco se apegava aos termos que a tradição apostólica utilizou em suas fórmulas trinitárias, como *ousia*, *hypostases*, *persona* ou até mesmos a própria *Trinitas*. "A Trindade era crucial porque era um testemunho da divindade de Jesus Cristo e, assim, da certeza de salvação obtida por ele. O propósito do trinitarianismo de Calvino, como o de Atanásio, era soteriológico" (GEORGE, 1993, p 200).

Ora, isto é extremamente relevante neste "diálogo", nesta justaposição das concepções calviniana e turretiana do SS. Calvino, como já foi citado, lidava com naturalidade com o fato das Escrituras serem um livro divino/humano. Turretini, no afã de proteger a Bíblia dos ataques cada vez mais fortes que recebia tanto de excelentes polemistas católicos quanto de filólogos como Cappel, reforçará muito mais o aspecto divino da Bíblia:

> Como é possível admitir três causas para a manifestação de algo (objetiva, eficiente e instrumental ou orgânica), assim podem surgir três questões sobre a divindade da Bíblia: a primeira, concernente ao argumento em virtude do qual eu creio; a segunda, concernente ao princípio ou à causa eficiente daquilo a que eu sou levado a crer; a terceira, concernente ao meio e ao instrumento pelos quais eu creio. E a essas três questões podem-se dar respostas. Pois a Bíblia, com suas marcas, são o argumento em virtude do qual eu creio. O Espírito Santo é a causa eficiente e o princípio baseado no qual eu sou induzido a crer. Mas a igreja é o instrumento e o meio pelos quais eu creio. Consequentemente, se a pergunta é porquê ou em virtude do que eu creio que a Bíblia é divina, respondo que assim

creio em virtude da própria Escritura, que, por suas marcas, comprova justamente isso (TURRETINI, 2011, p. 141).

A longo prazo, com o surgimento de novos métodos de interpretação da Bíblia e do surgimento de novas ciências como a arqueologia, esta lógica se mostrará extremamente problemática de se sustentar e, como já citado por Mendonça (2007, p. 164), aprisionará muitos hermeneutas reformados àquela letargia conservadora, irrelevante e, acrescente-se, autofágica hermenêutica confessional.

c) Início de um distanciamento gradual do pensamento crítico da Bíblia. Ao questionar se seria lícito fazer conjecturas críticas sobre o texto sacro, Turretini está mais uma vez se distanciando de Calvino. É verdade que Calvino não era, como já foi exposto, aberto irrestritamente a qualquer crítica textual. Como já citado, Calvino e os teólogos católicos sentiram-se bastante incomodados com a exegese que Miguel de Serveto propôs do texto do profeta Isaías 7.14 "E uma virgem conceberá". Outras exegeses de textos bíblicos de natureza mais crítica de Serveto também foram repudiadas por Calvino, embora não tenham sido levadas em conta em sua denúncia contra Serveto como herege.

Por outro lado, o avanço das ciências históricas levantava cada vez mais questões com relação à Bíblia como fonte histórica. Quanto a isto, é preciso ter em mente que a Bíblia, basicamente até o século XIX, era tida como o documento mais antigo da humanidade; isto até o surgimento da Arqueologia. Isto fazia com que ela fosse vista não somente como um livro religioso, mas como fonte de referência primária de informação para outras ciências como História ou Geografia, por exemplo. No século XVI, com o advento das grandes navegações, os europeus tomaram conhecimento de que havia outras terras além-mar, não citadas na Bíblia, como o continente americano, por exemplo, bem como povos não citados no livro do Gênesis.

Uma das críticas à Bíblia como fonte de conhecimento geográfico foi trazida pelo próprio Miguel de Serveto o qual, citando o historiador, geógrafo e filósofo da Grécia antiga Estrabão (65 a.C. – 23. D.C.) também incomodara muito a Calvino. Estrabão, em sua monumental obra *Geografia*, afirmara que a Judeia não era um país onde fluíam leite e mel, conforme o relato bíblico, mas uma terra árida.

Qual o problema? Nas palavras de Volkmann:

> O objetivo da ortodoxia não foi o fechamento do princípio reformador; foi resguardar o *sola scriptura* [*sic*!]. Mas a maneira de como a Escritura foi impermeabilizada a qualquer conotação histórica através da doutrina da inspiração verbal fez com que a leitura histórica se tornasse impossível (VOLKMANN, 1992, p. 19).

A imagem utilizada por Volkmann de "impermeabilização das Escrituras", demonstra bem como a ortodoxia reformada, visando preservar o princípio do SS, acabou por isolar as Escrituras de um mundo que se redescobria e se reinventava ao seu redor. Ao colocarem as Escrituras naquele pedestal de sacralidade intocável e inquestionável, gradativamente lançavam os "fundamentos" para uma hermenêutica que impediria a Bíblia de ser reinterpretada a partir destas novas mudanças históricas, sociais, culturais e, principalmente científicas. Ao contrário, a hermenêutica reformada caminhava para uma compreensão tal do SS que, em dois séculos, seria a Bíblia – a partir de uma leitura cada vez mais literal –, a "intérprete" da História moderna, invertendo assim, o processo hermenêutico.

4.3.2.3 O Sentido das Escrituras

Décima Nona Pergunta: *"Se as Escrituras têm um quádruplo sentido – literal, alegórico, anagógico e tropológico? Isso negamos contra os papistas".*

Já foi mencionado acima o princípio medieval que norteou a interpretação de um texto bíblico ao longo da Idade Média:

> A letra mostra-nos o que Deus e nossos pais fizeram (histórico)
>
> A alegoria mostra-nos onde está oculta a nossa fé (alegórico)
>
> O significado moral dá-nos as regras ocultas da vida diária (tropológico).
>
> A anagogia mostra-nos aonde termina a nossa luta (anagógico) (BRAKEMEIER, 2003, p.40).

Turretini reafirmará a rejeição de Lutero e Calvino por este princípio, acrescentando embasamento argumentativo, segundo a lógica interna reformada. Segundo Turretini:

> O sentido literal não é tanto aquele que se deriva das palavras próprias e não figuradas, quando pode ser distinguido do figurado (e é às vezes assim usado pelos pais), mas aquele que é tencionado pelo Espírito Santo e é expresso em palavras próprias ou figuradas. Assim, Tomás [de Aquino] define o sentido literal como "aquele que o Espírito Santo ou o autor pretende" [...] O que é dito nem sempre, pois, precisa ser achado apenas nas palavras próprias, mas também nas figuradas (como de fato retemos a coisa expressa nos

sacramentos, porque mantemos o sentido pretendido pelo Espírito Santo). Esse é o sentido das parábolas empregadas por nosso Senhor, nas quais devemos sempre ter em mente sua intenção. Não se deve considerar apenas o sentido literal, o que significa a coisa imaginada na comparação, mas também o que indica a aplicação. Daí haver sempre só um sentido, e este literal, pelo qual (por meio dessa comparação) se manifesta alguma verdade (TURRETINI, 2011, p. 214).

Diferente do uso da quadriga pela Igreja Católica sob a RF, a hermenêutica reformada admite a aplicação moral e a instrução não como sendo sentidos diversos, mas como aplicações de um único sentido literal. Também a tipologia e alegoria são aceitas, desde que estas sejam inatas, ou seja, "inferida ou pretendida pelo Espírito Santo" na própria Escritura (TURRETINI, 2011, p. 215).

Percebe-se também que, para Turretini, SS também não era NS. Ele tinha perfeitamente em mente a diversidade de figuras de linguagem e diferenças estilísticas. A diferença é que, para Turretini, as Escrituras, tomadas como um todo, como um corpo, possuem somente um sentido. "Assim, a alegoria, a anagogia e a tropologia não são tanto sentidos diversos quanto aplicações de um sentido literal. A alegoria e a anagogia se referem à instrução, mas a tropologia, à correção" (TURRETINI, 2001, p. 215).

Concluindo, como já foi mencionado, pode-se afirmar que Beza fez com a doutrina da Predestinação o que Turretini fez com a doutrina das Escrituras: o primeiro foi além de Calvino na soteriologia e na eclesiologia, e o segundo na doutrina das Escrituras. Naturalmente, também como foi exposto, o contexto e o "clima teológico" eram outros

(GAMBLE, 1990, p. 105). Não é o escopo deste conteúdo tanto o mérito das disputas que levaram à estruturação da ortodoxia protestante reformada quanto aos efeitos posteriores de obras como as de Turretini. Ele estreitou a compreensão do SS ao defender a inspiração verbal dos sinais dos textos massoréticos. Neste processo, seguiu uma lógica, a lógica genebrina de compreender o SS.

Quanto à relação com a ciência, mais especificamente com a crítica textual, Turretini adotou uma postura de enrijecimento. Para ele, a Bíblia é, assim como para Calvino, ao menos em tese, um livro divino/humano. Na prática, porém, os escritores humanos passaram a ser considerados meros amanuenses do Espírito Santo, o que conferia à Bíblia uma necessária infalibilidade e inerrância.

Sua obra, o CTA, virá a exercer grande influência dois séculos mais tarde nos EUA por conta de um ramo do protestantismo inglês que para lá migrará: o Puritanismo. Este movimento, que se desenvolveu contemporaneamente ao ministério pastoral e teológico de Turretini, influenciará enormemente a civilização ocidental. Nos EUA, os presbiterianos americanos o adotarão como livro base na formação de seus ministros e teólogos no Seminário Teológico de Princeton. É deste movimento e de seu legado moral e teológico que falaremos a seguir.

4.4 Os Puritanos e o *Sola Scriptura*

A RP foi um "movimento de movimentos". Foi como uma pedra atirada no centro de um lago de águas relativamente paradas. O impacto da "pedra" fez com que, a partir de seu centro, um movimento de ondas circunsféricas se afastasse do ponto de impacto. O puritanismo foi um destes movimentos. Para melhor compreendê-lo, é necessário um breve retorno à Genebra de Calvino.

Durante a estadia de Calvino em Genebra, a cidade chegou a quase duplicar sua população em função do número de refugiados, todos vítimas de perseguições religiosas que para lá afluíam em busca de asilo. Havia a congregação francesa (a maior), a congregação espanhola, a italiana e também a inglesa, sob orientação do escocês John Knox (1513-1572), que viria a ser o pai do presbiterianismo escocês. Knox se refugiara em Genebra durante a perseguição desferida pela rainha Católica Maria Tudor, a "Maria Sangrenta" (REID, 1990, p. 67). Um dos membros desta congregação, de nome Willian Whittingham, trabalhou na preparação da *Bíblia de Genebra*, publicada em 1560. A *Bíblia de Genebra* viria a influenciar significativamente o protestantismo inglês (HUGHES, P. E. 1990, p. 256).

Maria Tudor morreu em 1558, sendo substituída no trono inglês por sua meia-irmã, Isabel I, a qual professava a fé protestante. Isabel, inclusive, correspondeu-se com Calvino (REID, 1990, p. 65), mas seu protestantismo não era extremado. Isabel permitiu que os protestantes exilados voltassem à Inglaterra, dentre eles, John Konx. Estes protestantes que voltaram, haviam estudado com Beza, em Genebra, e trouxeram na bagagem a *Bíblia de Genebra* e uma eclesiologia presbiteriana que, segundo Hughes (1990, p. 300), ia além do próprio Calvino. Sofrendo pressão tanto do remanescente dos restauracionistas pró-Roma quanto desses "puritanos" que retornavam do exílio, Isabel manteve-se fiel ao espírito da Primeira Reforma – aquela implementada por seu pai, o rei Henrique VIII e pelo arcebispo Thomas Cranmer, morto sob o reinado de Mary Tudor em 1556 – por meio da aprovação no Parlamento de duas leis fundamentais: O Ato de Supremacia e o Ato de Uniformidade. Isto garantiu a Isabel não voltar para Roma e não ceder às pressões puritanas. Foi esse *"establishment elizabethano"* que forjou a face do Anglicanismo como Igreja Católica e Protestante, a *via media* da Reforma. Ele foi mantido por Isabel durante seus longos 70 anos de reinado (1533 – 1603), ainda que sob mão forte.

Mas quem eram os puritanos? Segundo Dreher o puritanismo foi um movimento político e religioso que desenvolveu-se na Inglaterra no século XVII. O grupo era heterogêneo, variando quanto a questões teológicas e principalmente eclesiológicas. Socialmente, "eram pessoas da baixa nobreza, dos estamentos médios. O que mais os irritava eram os favorecimentos na corte e os desacertos financeiros". Eram uma minoria religiosa que queria que a Inglaterra se livrasse "dos resíduos" de catolicismo ainda presentes na vida da nação. Queriam praticar a "fé bíblica", sendo que, para eles, "a Bíblia – norma para todos os aspectos da vida, envolvendo família, profissão, Estado e a relação do ser humano com Deus – estava no centro das reivindicações dos puritanos" (DREHER, 2013[a], p. 115).

Após a morte da rainha Isabel, aquele equilíbrio entre "calvinismo moderado" e os elementos tradicionais do culto anglicano, rompeu-se (GONZÁLEZ, 1995[c], p. 53). Mais uma vez, assim como ocorrera no continente, as disputas religiosas assumiram um caráter político-religioso. Uma intrincada trama político-social-econômico-religiosa colocou, em meados do século XVII, dois partidos em lados adversos: o do Parlamento, liderado pelo puritano Oliver Cromwell; e o do Rei Carlos I, apoiado pela nobreza e pelos bispos angli-

4. A Ortodoxia Protestante e o Sola Scriptura

canos. Puritanos e anglicanos estavam em lados opostos em uma luta de classes que desembocou na Primeira Guerra Civil Inglesa (1642-1649). Em meio a este conflito, o Parlamento inglês, governado por maioria puritana, voltou-se, entre outras questões, para a questão religiosa, com o intuito de "estabelecer o Governo e a Liturgia da Igreja da Inglaterra e de defender e isentar a Doutrina da dita Igreja de falsas acusações e interpretações" (KERR, 1984, p. 4). Foi convocada então, a "Assembleia dos Teólogos de Westminster".

Era uma demanda reprimida de setenta e cinco anos. Deve-se somar-se a este objetivo primário, a intenção de produzir uma Confissão de Fé capaz de unir a nação através desta nova uniformidade (GONZÁLEZ, 1995[c], p. 72). Neste sentido, é importante salientar que o movimento puritano não tinha por objetivo destruir a Igreja Anglicana. Eles sabiam da importância de uma igreja nacional. Sua intenção era levar a cabo uma reforma que, a seu ver, permanecia inacabada; incompleta. O sistema presbiteriano de governo deveria então acomodar não somente uma forma bíblica de governo, como também dar espaço àqueles estamentos medianos da nova configuração social que emergia na Inglaterra.

A Assembleia de Westminster (1643-1649) transcorreu durante a Primeira Guerra Civil Inglesa, praticamente iniciando e terminando suas atividades junto com ela. A Assembleia foi composta de 121 dos mais capazes ministros da Inglaterra, 20 membros da Câmara dos Comuns e mais 10 membros da Câmara dos Lordes. Também seis delegados da Igreja Presbiteriana da Escócia participaram da Assembleia. Após 1163 reuniões do plenário e algumas centenas de reuniões de comissões e subcomissões, 5 documentos foram promulgados pelo parlamento, sendo o mais importante deles a *Confissão de Fé de Westminster* (MATOS, 2011). Este documento, adotado por muitas igrejas presbiterianas e de confissão reformada ao redor do mundo, é considerado por muitos a mais completa confissão de fé reformada, por abranger todos os aspectos da vida humana, desde sua condição a-histórica diante de seu Criador até os mais pormenorizados aspectos de sua vida pessoal, familiar e social. Constitui-se no ponto mais elevado da confessionalidade reformada e forma, com o Sínodo de Dort, o eixo de sustentação da ortodoxia reformada.

A Inglaterra não se tornou presbiteriana e, após a morte de Oliver Cromwell e a fraca liderança de seu filho, a quem fizera seu sucessor, a monarquia foi restabelecida e, com ela, o anglicanismo. Os efeitos do puritanismo, no entanto, deixaram suas marcas morais na Inglaterra. Segundo Dreher:

> [...] O Puritanismo é britânico; recebeu, indelevelmente, um caráter britânico. Do Puritanismo vem um senso pragmático da realidade; uma aceitação simplória, irrefletida da palavra bíblica e de sua aplicação à vida; um moralismo utilitarista; a rejeição de qualquer especulação teórica. Destaque merece a difusão da doutrina da predestinação calvinista, acontecida no Puritanismo e através dele e popularizada pelo estudo de *Max Weber*: o espírito do capitalismo é criação da ética profissional proveniente da doutrina calvinista da predestinação [...] Transferida para toda a nação, a ideia da predestinação se fez sentir no sentimento inglês de ser "o povo eleito" de Deus com a missão de conquistar o mundo. Tal convicção transferiu-se também via Puritanismo, para os Estados Unidos da América do Norte (DREHER, 2013[a], p. 115,116).

Naturalmente, Dreher não está se referindo às elites intelectuais britânicas, ao pensamento acadêmico das grandes universidades inglesas. Ele refere-se aos membros da ascendente classe média de então (DREHER, 2013[a], p. 116), *the common man* (o homem comum), o burguês, o futuro capitalista. Na Inglaterra, a concepção suíça do SS somada ao estreitamento da compreensão dos teólogos do pós-reforma, encontrou-se com o espírito pragmático inglês. Neste contexto, a CFW exprime o máximo do alcance teológico e social que a Bíblia, como "regra de fé e prática" (CFW, 2005, p. 17), alcançaria entre os reformados. Mas será nas 13 colônias inglesas no continente americano, as quais viriam a tornar-se os Estados Unidos da América, que o puritanismo deixará indeléveis marcas no espírito tanto religioso quanto secular daquela nação.

Concluindo, convém aqui citar Pierre Gilbert que, em sua *Pequena História da Exegese Bíblica*, dá ao décimo terceiro capítulo de sua obra o título: "A Bíblia 'sonhada' pelos humanistas e pelos reformados" (GILBERT, 1995, p. 139). O ponto de Gilbert é que a invenção da imprensa por Gutenberg foi vista com tanto entusiasmo – primeiramente pelos humanistas e depois pelos reformadores – que ambos, como que embriagados pela novíssima possibilidade de difundir o conhecimento da Palavra de Deus, não foram capazes de prever, a longo prazo, os efeitos dessa acessibilização indiscriminada às Escrituras (GILBERT, 1995, p. 141). Se por um lado Gilbert reconhece que "o primeiro efeito dessa abordagem se fez sentir numa consideração nova do sentido literal", e que "este sentido iria ocupar um lugar de destaque até os nossos dias, o que não conhecera em quinze séculos de cristianismo" (GILBERT, 1995, 142), por outro lado também destaca que:

> A longo prazo, como veremos, a Bíblia assim oferecida, independentemente das diferentes interpretações através das quais ela chegava ao cristão, se veria reduzida às duas dimensões de uma obra posta à mesa diante dos olhos do leitor, numa espécie de face a face até então desconhecida. O texto na sua nudez impressa manifestaria muito rapidamente suas dificuldades próprias ou o que apareceria primeiramente como tal, favorecendo não somente o livre exame, mas toda a questão de dúvida ou de crítica (GILBERT, 1995, p. 141).

"O texto em sua nudez impressa"! Gradativa e inevitavelmente, o SS foi estreitando-se para NS. Este estreitamento foi informal e sutil. Ele se deu sem que houvesse, no caso das Igrejas calvinistas e, em especial, entre os presbiterianos, uma negação formal do papel da Igreja e da Tradição, mas não deixou de ser percebido e trabalhado por teólogos do século XX, como Paul Tillich. O pastor e teólogo da Igreja Presbiteriana Independente do Brasil, Carlos Jeremias Klein, em seu artigo "Substância Católica e princípio protestante no presbiterianismo. Apontamentos", reflete sobre este tema a partir da referida fórmula de Tillich. Segundo Klein:

> As Igrejas presbiterianas exerceram a "crítica profética" ao sistema sacerdotal da Igreja Católica, porém mantendo os três elementos da "substância Católica": os sacramentos, a comunidade de fé e a autoridade de governo, e os símbolos da fé. Observou-se, no entanto, um empobrecimento na vida sacramental, em virtude do caráter "secularizante" do movimento da Reforma. Quanto à comunidade da fé, ou a chamada "Igreja visível", a mesma perde importância para a chamada Igreja invisível, que a Confissão de Fé de Westminster assim conceitua: "A Igreja Católica ou universal é invisível e consta do número total dos eleitos que

4. A Ortodoxia Protestante e o Sola Scriptura

já foram, dos que agora são e dos que ainda serão reunidos em um só corpo sob Cristo; seu cabeça". Tillich observa que o protestantismo do século XVI, redescobrindo "a mensagem profética da majestade de Deus e ressaltando as doutrinas da predestinação e da justificação pela fé protestou contra o sistema hierárquico que se havia interposto entre o homem e Deus com a 'demoníaca reivindicação de absolutismo'. Essa mensagem profética reafirmava o caráter incondicional de Deus". Não obstante, "sempre houve e ainda há tendências contraditórias dentro do protestantismo [...] em muitos lugares formas rígidas de ortodoxia eclesiástica ainda ignoram o protesto protestante original. Em lugar da autoridade da Igreja Católica Romana criam-se novos absolutos como a Bíblia ou as confissões de fé: um catolicismo da palavra" (KLEIN, 2006, p. 70).

Este "catolicismo da palavra" será determinante na fundação da nação americana, no sentido de que a Bíblia estará para os puritanos que aportarão em 1617 a bordo do navio *Mayflower*, na Nova Inglaterra, como a teologia das duas espadas, e os documentos papais estavam para a ICAR na Idade Média. Ela será a autoridade sobre a qual se sustentará a fundação de uma nação "eleita" por Deus, uma cristandade evangélica. Na verdade, a RM é uma re-forma do conceito de cristandade, ou seja, de uma civilização cristã. Não havia, portanto, na concepção dos puritanos, a possibilidade de uma sociedade ou uma cultura não-cristã. E será na América fundada sobre bases puritanas e iluministas, que se dará o conflito entre fé e razão, cristandade e pensamento social liberal entrarão em conflito. Conflito este que gerará uma reação em forma de movimento religioso: o Fundamentalismo Protestante.

❖

5.

O MFP e o *Sola Scriptura*

Segundo Tillich (2004[b], p. 43), há que se fazer uma distinção entre ortodoxia e fundamentalismo. Há, em suas palavras, muito pouco a ver entre os dois períodos. A ortodoxia, segundo Tillich, foi um período de criatividade e construtividade teológica, onde houve grandes teólogos escolásticos, tanto entre luteranos quanto entre reformados. Já o MFP não passou de uma "forma primitivizada da ortodoxia clássica" (TILLICH 2004[a], p. 272). Não houve, segundo o teólogo teuto-americano, obras de fôlego escritas pelos fundamentalistas norte-americanos (TILLICH, 2004[b], p. 44). Em sua obra *"Perspectivas da Teologia Protestante nos séculos XIX e XX"*, Tillich aborda suscintamente o assunto, estabelecendo as seguintes distinções entre os dois movimentos:

a) "A teologia protestante era construtiva. Não havia nada semelhante às bases pietistas ou avivalistas do fundamentalismo americano" (TILLICH, 2004[b], p. 44);

b) "Os teólogos ortodoxos trabalharam objetiva e construtivamente, procurando apresentar a doutrina pura e completa de Deus, do homem e do mundo. Não foram determinados pelo biblicismo laico dos fundamentalistas deste país – biblicismo esse que rejeita qualquer tipo de penetração teológica nos textos bíblicos para se tornar dependente de interpretações tradicionais da palavra de Deus" (TILLICH, 2004[b], p. 44);

As distinções são claras: objetividade *versus* subjetividade, e erudição *versus* laicidade, não só teológica, como também filosófica e histórica. Certamente estas características do protestantismo norte-americano são devedoras daquele espírito inglês já mencionado por Dreher, e este somado àquela relação que os puritanos estabeleceram com a Bíblia. Mas houve ainda, como citou Tillich, a introdução de outros elementos, como o pietismo e o avivalismo, dos quais falaremos brevemente mais adiante.

Por outro lado, se como disse Tillich, há muito pouco em comum entre a OP e o MFP, um desses poucos elementos em comum é o contexto polêmico. Assim como os teólogos da OP produziram seus Credos, Confissões e suas Dogmáticas em forte contexto polêmico, assim também se dará com os teólogos do MFP. No caso dos últimos, a centelha da discórdia será a teologia de Friedrich Schleiermacher, teólogo alemão considerado o pai da moderna teologia protestante (TILLICH, 2004[b], p. 45). Foi em resposta à teologia de Schleiermacher e à epistemologia de Hume e Kant que Charles Hodge, – o primeiro da dinastia Alexander-Hodge-Warfield de teologia da Universidade de Princeton (1812-1921) –, desenvolveu sua *Teologia Sistemática* em três volumes, norteada pela filosofia do senso comum de Thomas Reid e pela teologia de Turretini. Por isso abordar-se-á, ainda que resumidamente, os principais pontos da teologia de Schleiermacher que geraram a reação dos teólogos de Princeton e do subsequente MFP.

Por fim, na terceira subseção abordar-se-á o MFP como uma confluência de fatores históricos, religiosos, sociais e culturais.

5.1 Breve Análise dos Principais Elementos que Contribuíram para o Surgimento do MFP na América do Norte.

Nesta seção abordaremos os principais elementos que contribuíram para a formação do protestantismo norte-americano e, posteriormente, do MFP. São eles, as raízes puritanas da América e sua influência posterior na vida religiosa e cultural da nação; o pietismo e o avivalismo; a prevalência do NS no protestantismo popular norte-americano e o dispensacionalismo.

5.1.1 A Influência Puritana na Religião e na Cultura Norte-Americana

A nação norte americana, sem dúvida, tem raízes puritanas. A influência puritana em diversos aspectos da cultura norte-americana é tema amplamente reconhecido e estudado pela comunidade acadêmica daquele país. Segundo Crété, "ao contrário da versão corrente, são os presbiterianos radicais de Massachusetts – e não os pioneiros do Mayflower – os fundadores da nação americana" (CRÉTÉ, 2014). Seguindo a mesma linha, Marsden escreveu *"Origens "cristãs" da América: a Nova Inglaterra Puritana como um caso de estudo"*. Nele propôs-se a examinar se há a base "cristã" original e puritana na sociedade e na cultura americanas nos termos alardeados pelos fundamentalistas daquele país. Marsden toma algumas das realizações culturais da Nova Inglaterra puritana e as contribuições puritanas como um estudo de caso para a cultura americana posterior. Segundo Marsden:

> O caso da Nova Inglaterra é especialmente intrigante e importante porque os líderes puritanos tiveram uma relativa liberdade de ação para modelar sua cultura de acordo com regras claramente articuladas, regras que eles criam ser singular e consistentemente cristãs. Como tais essas regras representam um "laboratório" notavelmente ideal, no qual se podem analisar as possibilidades e as armadilhas de uma cultura verdadeiramente cristã. Nas colônias do sul, como contraste, as maiores instituições, — tais como o governo representativo ou a escravidão negra —, desenvolveram-se sob circunstâncias nascidas mais da ambição material do que dos ideais especificamente cristãos. Os puritanos, por outro lado, dificilmente lavrariam um campo sem estabelecer por escrito uma razão cristã para o seu trabalho.

Essa clareza e articulação deram aos puritanos uma grande vantagem como modeladores de cultura. Muito do que eles disseram explicitamente, outros protestantes do século 17 compartilharam de modo implícito; mas as articulações dos puritanos deram às ideias uma forma distinta, tanto intelectual como institucionalmente. Por essas razões, pelo menos parcialmente, as concepções puritanas permaneceram durante muito tempo como influências principais na América. Nas igrejas americanas mais influentes, os puritanos eram uma classe muito comum, até a metade do século 19. Com exceção de alguns notáveis políticos sulistas, quase todos os pensadores americanos, até a 1ª Guerra Mundial, ou nasceram na Nova Inglaterra ou receberam sua instrução lá. Mesmo nas primeiras décadas do século 20, muitos vultos da literatura americana ainda estavam lutando com os vestígios da herança puritana. E até mesmo mais penetrante do que tal influência sobre as ideias americanas foi o impacto do Puritanismo sobre os valores da América. Embora o Puritanismo não pudesse ter a pretensão de ter moldado sozinho a consciência americana, certamente ele contribuiu para a definição de suas características mais distintivas (MARSDEN, 1990, p, 366).

Houve quem dissesse que a relação entre teologia e doutrina é a mesma existente entre ciência e tecnologia: assim como tecnologia é o conhecimento científico posto em prática, assim a doutrina é a teologia aplicada. A América será o laboratório onde os puritanos poderão, como disse Marsden, colocar em prática a sua compreensão da teologia calvinista em largo espectro. Neste laboratório, aquela visão abrangente da CFW será experimentada social, cultural e politicamente como não pudera ser na Inglaterra.

Como já foi dito, a compreensão cristã da RM continuava sendo uma concepção de cristandade. Esta foi a concepção que norteou as realizações de Calvino em Genebra, de John Knox na Escócia e de todos os líderes que, com apoio dos nascentes Estados nacionais, implementaram a fé reformada em seus países no continente europeu. Qual a diferença? Na América, o calvinismo foi levado pelo *common man*. Aliás, Tillich chamará o protestantismo norte-americano de "protestantismo popular" em comparação com o protestantismo do velho continente, erudito, ligado à tradição histórica e teológica do cristianismo e da cristandade europeia. Quando o MFP eclodir, seus teólogos estarão direta ou indiretamente influenciados pela teologia e pela visão de mundo puritanas.

5.1.1.1 O Sentimento de Eleição Divina

Já foi mencionado acima a influência que a doutrina da predestinação deixou na nação inglesa, impulsionando-a a conquistar novos territórios e conferindo ao seu imperialismo um caráter senão messiânico, ao menos "missional". No caso da América, não será diferente. Segundo Crété:

> Esses homens e essas mulheres determinados concebiam sua migração ao Novo Mundo como um capítulo do drama que se desenrola desde a criação do mundo e que só acaba no Juízo Final. Deus os guiara até esses lugares selvagens com o fim de arrancá-los das mãos de Satã e conduzi-los a Cristo. Seu destino era o de estabelecer uma nova idade de ouro na América do Norte. Neles havia a nostalgia de um ascetismo pastoral, tema tocante que, ao lado da utopia igualitária, influenciaria profundamente a literatura anglo-saxã. Eles reconheciam um só soberano, Deus, o que

tornava os homens do Novo Mundo irmãos, solidários. John Winthrop, a bordo do navio Arabella, declarou: "Nós devemos agir nessa empreitada como um só homem, devemos alegrar-nos na companhia dos nossos, divertir-nos juntos, chorar juntos, trabalhar e sofrer juntos, tendo sempre presente no espírito a missão de nossa comunidade, na qual todos devem ser como membros de um mesmo corpo" (CRÉTÉ, 2014).

Este sentimento de ser um povo eleito para formar uma nação pura influenciaria, dois séculos mais tarde, a famosa declaração sobre o "Destino Manifesto" dos EUA. Segundo González:

> Desde a chegada dos "peregrinos" do Mayflower, existia a ideia de que as colônias britânicas da América do Norte haviam sido fundadas com o auxílio divino, para cumprir uma missão providencial. Para muitos dos imigrantes posteriores, a América do Norte era uma terra prometida de abundância e liberdade. Para os porta-vozes da independência, era uma nova experiência que marcaria a pauta que o mundo deveria seguir, no caminho para a liberdade e o progresso. Frequentemente, tais ideias se entrelaçavam com a da superioridade do protestantismo sobre o catolicismo. Desde muito cedo, a Inglaterra sentiu que as suas colônias estavam sendo ameaçadas pelos católicos espanhóis ao sul, e pelos católicos franceses ao norte, e por isso considerava as suas colônias como um baluarte da causa protestante. A tudo isto se juntava uma atitude racista que considerava como fato provado que a raça branca era superior, e que servia para justificar tanto a escravidão dos negros quanto o roubo das terras dos índios. Embora tudo isto estivesse presente na história norte-americana, desde muito antes, em 1845 apareceu pela primeira vez a frase "Destino Manifesto", que resumia a

convicção dos brancos norte-americanos de que o seu país tinha um objetivo assinalado pela divina providência de guiar o resto do mundo nos caminhos do progresso e da liberdade (GONZÁLEZ, 1995[d], p. 30,31).

Pode se verificar aqui claramente a influência espiritual do puritanismo sobre a vida política da nação americana. Ela está presente não na forma religiosa, mas diluído na educação, como já foi mencionado nas palavras, de Marsden de que até a 1ª Guerra Mundial, quase todos os grandes pensadores norte-americanos ou nasceram na Nova Inglaterra ou lá foram educados.

5.1.1.2 A Compreensão de "Aliança" dos Puritanos

Os puritanos que deixaram o velho continente não queriam somente se livrar do que consideravam um mau governo, eles queriam poder estabelecer um governo formado livremente por eles mesmos. Por isso, quando em 1629 o Rei Carlos I outorgou, por carta, a fundação da *Massachusetts Bay Company*, para lá migraram no ano seguinte mil ingleses, todos puritanos. Eles tinham como objetivo estabelecer tanto uma nova ordem eclesiástica, como uma nova ordem política. (CRÉTÉ, 2014). Ambas esferas de poder, a religiosa e a civil, seriam baseadas na Bíblia. Segundo Marsden:

> O Antigo Testamento ensinava claramente que Deus tratou com as nações mediante alianças, de modo explícito ou implícito, cujas condições eram a lei de Deus. As nações que quebrassem a aliança eram punidas; as que a guardassem seriam abençoadas. O povo de Deus — Israel no Antigo Testamento e a Igreja na era do Novo Testamento — estava

naturalmente em um relacionamento especial com Deus. Se eles fossem constituídos como uma entidade política, e aqui Israel parecia obviamente o modelo a ser imitado, logo eles deveriam tornar explícita sua aliança sócio-política, seguindo os exemplos do Pentateuco. Isso é exatamente o que Winthrop e seus companheiros puritanos acreditavam que estavam fazendo. Eles estavam se tornando um povo de Deus com uma identidade política e, assim, estavam precisamente no mesmo relacionamento com Deus como o esteve o Israel do Antigo Testamento (MARSDEN, 1990, p. 373,374).

O primeiro governador da Província da Baía de Massachusetts foi John Winthrop (1587-1649). Sua visão para a colônia era a de que ela deveria ser "uma cidade sobre a colina", em referência ao Sermão da Montanha. Em outras palavras, a comunidade deveria servir de modelo para todas as outras. Ele escreveu:

> Amados, está agora colocada diante de nós a vida e o bem, a morte e o mal, de modo que somos ordenados neste dia a amar o Senhor nosso Deus e amarmos uns aos outros para andarmos em seus caminhos e guardarmos os seus mandamentos, suas ordenanças, suas leis e os Artigos de nossa Aliança com ele para que vivamos e sejamos multiplicados... [ou] pereçamos fora da boa terra[...] (WINTHROP *apud* CRÉTÉ, 2014).

Entre 1630 e 1640, cerca de vinte mil imigrantes ingleses desembarcaram ao longo da costa leste norte-americana, formando comunidades que viviam em relativo isolamento. Com o crescimento populacional e a prosperidade financeira, a rivalidade entre mercadores fez com que o sucesso pessoal terminasse por suplantar o esforço coletivo (CRÉTÉ, 2014).

A todo caso, todos estes grupos de origem reformada, deixaram o legado de uma moral rígida que, enquanto não extrapolava os limites do moralismo, foi muito positiva. Também no campo da ética seu legado foi importante, sendo referência para tal a obra de Max Weber *"A ética protestante e o espírito do capitalismo"*.

As comunidades puritanas originais não existem mais. Seu projeto de teocracia durou enquanto eles eram poucos. O progresso e a prosperidade estabeleceram, como já foi mencionado, o sucesso pessoal como alvo mais do que o progresso coletivo. Entretanto, as palavras da Bíblia forneceram o cimento necessário para a solidez das instituições daquele país, a ponto de se diluírem na cultura americana de tal modo que, segundo Marsden, darem origem, à época da Independência dos EUA, à "religião civil americana" (MARSDEN, 1990, p. 387).

A doutrina da predestinação, por sua vez, deu origem ao Destino Manifesto, à crença de que a América havia sido destinada a guiar o mundo, justificando, entre outras ações, a invasão e a tomada das terras indígenas daquela nação, a Guerra com o México e a consequente tomada de suas terras (GONZÁLEZ, 1995[d], p. 30,31). Por fim, a ética puritana do trabalho deu origem ao capitalismo, transformando o Mandato Cultural em aval "bíblico" para a industrialização da América, colaborando para justificar aquelas mesmas guerras, com o intuito de garantir a apropriação de recursos naturais e matéria-prima.

5.1.1.3 A Ética Puritana

Em seu livro *Religious History of the American People* [História Religiosa do Povo Americano], Sydney Ahlstrom (1919-1984) destaca, entre outros não menos importantes elementos, a contribuição da Ética Puritana para a herança religiosa da América. Segundo Ahlstrom:

> Os Estados Unidos do futuro foram estabelecidos e, em grande medida formados por aqueles que trouxeram consigo uma forma muito especial de protestantismo radical, que combinava um purismo moral vigoroso, um profundo comprometimento com o modo de viver evangélico e a determinação de tornar o estado responsável pela manutenção destas ideias morais e religiosas. Consequentemente, os Estados Unidos tornaram-se, por excelência, a nação do reavivalismo, do "legalismo" moral e de um "evangelho" de obras revestido pela assim chamada Ética Puritana (AHLSTROM *apud* MARSDEN, 1990, p. 368).

Ahlstrom mencionou dois termos que pedem definições e delimitações mais precisas, a fim de evitar equívocos. São eles: "ética" e "moral". Segundo Cortina; Martinez: "o termo 'ética' refere-se à filosofia moral, isto é, ao saber que reflete sobre a dimensão da ação humana, enquanto que 'moral', denota os diferentes códigos morais concretos. A moral responde à pergunta 'O que devemos fazer?' e a ética, 'Por que devemos?'" (CORTINA; MARTÍNEZ, 2005, p. 3).

E é no campo da ética que a religião se transubstancia em cultura, se "concretiza", por assim dizer. Segundo Marsden, "desde o fim do Império Romano, até cerca de 1800, quase tudo, na cultura ocidental, era 'cristão'" (MARSDEN, 1990, p. 368), no sentido da herança judaico-cristã. Também

Eliade, afirma que "para o mundo moderno, a religião como forma de vida e concepção do mundo confunde-se com o Cristianismo" (ELIADE *apud* RODRIGUES, 2013, p. 14). Neste sentido, a moral e a ética puritana foram duas importantes forças propulsoras na formação da cultura norte-americana. São elas que irão responder às perguntas dos indivíduos e da coletividade quanto ao "que devemos fazer" e "por que fazer". Em sua célebre obra *"A ética protestante e o espírito do capitalismo"*, o sociólogo alemão Max Weber (1864-1920) identifica um "caráter utilitário" na ética calvinista que remete à doutrina da predestinação. Segundo Weber:

> Para nós, o problema decisivo é o seguinte: como essa doutrina nasceu em uma época em que o pós-morte era não só mais importante, como também, de muitas maneiras, mais incontestável que todos os interesses da vida no mundo? A pergunta "serei eu um dos eleitos"? deve, cedo ou tarde, ter ocorrido a todo crente e deslocado qualquer outro interesse para o segundo plano. E como poderei ter certeza desse estado de graça? Para o próprio Calvino, isso não foi um problema. Ele se sentia como um agente escolhido do Senhor, e tinha certeza de sua própria salvação. De acordo com isso, diante da pergunta de como o indivíduo poderia ter a certeza de sua eleição, ele tinha, no fundo, apenas a resposta segundo a qual deveríamos estar contentes com o conhecimento de que Deus havia feito a escolha, dependendo, além disso, apenas daquela confiança implícita em Cristo, que é o resultado da verdadeira fé. [...] Obviamente, uma atitude como essa era impossível em Beza e, principalmente pela grande massa de homens comuns. Para eles, a *certitudo salutis*, no sentido de reconhecibilidade do estado de graça, tornou-se necessariamente de importância fundamental. [...] Até que a predestinação fosse reinterpretada e abrandada ou

fundamentalmente abandonada, apareceram dois tipos de conselhos pastorais principais interconectados. Por um lado, era mantido como absoluto dever o considerar a si mesmo como escolhido e combater qualquer dúvida e tentação do diabo, pois que a perda da autoconfiança era resultado de fé insuficiente, e portanto de graça imperfeita. [...] Por outro lado, para obter essa confiança, era recomendada uma intensa atividade temporal como meio mais adequado. Esta, e apenas esta dissiparia as dúvidas religiosas e traria a certeza da graça. [...] Na prática, isso significava que Deus ajuda a quem ajuda a si mesmo (WEBER, 2004, p. 68, 87).

A ética puritana do trabalho, como ficou conhecida, produziu um ascetismo intramundano, diferente daquele ascetismo extramundano do início do cristianismo. "A vida religiosa dos santos, divergindo da vida natural, não era vivida retirada do mundo, em comunidades monásticas – e este é o ponto mais importante – mas em meio ao mundo e suas instituições" (WEBER, 2004, p. 116). O ponto em comum entre estas duas formas de ascese ainda era o mundo do além, de forma que o trabalho não visava o lucro em si, ou os prazeres que a riqueza poderia proporcionar. Isto explica, em parte, os famosos filantropos americanos que, após fazerem fortuna, dedicavam grande parte desta, bem como de seus muitos recursos, a doações, fundações, criação de Universidades, bibliotecas, teatros, e etc. Da conclusão da referida obra de Weber, destacam-se ainda as seguintes considerações:

> Surgiu uma ética econômica especificamente burguesa. Com a consciência de estar na plenitude da graça de Deus e visivelmente por Ele abençoado, o empreendedor burguês, desde que permanecesse dentro dos limites da correção formal, que sua conduta moral estivesse intacta e que não

fosse questionável o uso que fazia da riqueza, poderia perseguir seus interesses pecuniários o quanto quisesse, e com isso sentir que estava cumprindo um dever. Ademais, o poder do ascetismo religioso extraordinariamente ativos, que se agarravam ao seu trabalho como a um propósito de vida desejado por Deus.

Finalmente, dava-lhe a confortável certeza de que a distribuição desigual da riqueza do mundo era uma disposição especial da Divina Providência que, com essas diferenças e com a graça particular, visava suas finalidades secretas, desconhecidas dos homens. Calvino mesmo já emitira a opinião, muitas vezes citada, de que somente quando o povo, isto é, a massa de trabalhadores e artesãos fosse pobre, conservar-se-ia obediente a Deus. Na Holanda (Pieter de la Court e outros) havia sido secularizado que a massa humana só trabalharia quando a necessidade a forçasse para tal. Essa formulação de uma ideia básica da economia capitalista entraria, mais tarde, nas teorias correntes da produtividade por meio de salários baixos. Aqui também, com a perda das raízes religiosas, insinuou-se imperceptivelmente a interpretação utilitarista [...] (WEBER, 2004, p. 132).

À época, essa "perda das raízes religiosas" talvez só tenha sido observada por mentes privilegiadas como a de Weber, Nietzsche ou Marx, por intelectuais capazes de observarem os fenômenos sociais com o relativo distanciamento que a pesquisa científica requer. Os fundamentalistas não viram – e não veem até hoje! – esse desenraizamento. Eles viram no pensamento liberal, no "outro", no "elemento cultural alienígena" uma ameaça à sua cristandade puritana, "confirmada" por Deus em sua prosperidade material, e no *establishment* de uma ordem econômica, social e política. Mas disto falar-se-á mais abaixo. Por hora, basta demonstrar como a ética puritana foi uma força propulsora e formadora da cultura norte-americana.

5.1.1.4 Igreja e Estado na Concepção Puritana

A concepção puritana da relação entre Igreja e Estado remonta, naturalmente, a João Calvino, que tratou deste assunto, primeiramente, em suas *Institutas da Religião Cristã*, obra esta que, a propósito, foi dedicada "ao nobilíssimo, poderoso e ilustre príncipe Francisco, cristianíssimo Rei da França, seu Príncipe e Senhor" (CALVINO, 2006[a], p. 35). Calvino abre seu capítulo "Sobre o Governo Civil" com as seguintes palavras:

> Sendo, pois, que foram constituídos para o homem dois regimes e que já falamos suficientemente sobre o primeiro, que reside na alma, ou no homem interior, e que concerne à vida eterna, aqui se requer que também exponhamos claramente o segundo, que visa a unicamente estabelecer uma justiça civil e aperfeiçoar os costumes exteriores (CALVINO, 2006[a], p. 145).

Diferentemente de Lutero, Calvino não admitia intromissão do poder civil na Igreja. Ele tivera sérios problemas com o Conselho de Genebra quando, em certa ocasião, aquele interferiu na forma de administração da Santa Ceia. Calvino não aceitou a intromissão do poder civil. Sua relação com o Conselho de Genebra, aliás, foi tensa até o fim de sua vida. Por outro lado, Calvino, a partir da leitura da Bíblia, compreendia que era dever do poder civil proteger o poder eclesiástico. Para Calvino, a magistratura civil era uma honrosa ordenação cuja incumbência, entre outras coisas, era "manter em ordem e em segurança a religião", bem como cuidar "para que a religião verdadeira, contida na Lei de Deus, não seja publicamente violada nem maculada por uma licença impune" (CALVINO, 2006[b], p. 148). No mais, quanto às três formas de governo – monarquia, aristocracia ou democracia – Calvino via perigo em todas elas, embora expressasse sua preferência pela aristocracia ou por um governo que associasse aristocracia e democracia. Dentro daquela visão predominante de cristandade, no que tange aos governantes, Calvino deu mais atenção aos seus deveres do que aos seus direitos (MATOS, 2011).

Os puritanos ingleses, a princípio, seguiam esta mesma compreensão bíblica da relação entre os poderes eclesiástico e civil, mas vale lembrar que eles compreendiam esta relação a partir daquela centralidade predestinacionista herdada da teologia de Beza. Quando em 1620, quase um século após a primeira edição das *Institutas* de Calvino, os puritanos ingleses aportaram em *Cape Cod* a bordo do navio *Mayflower*, eles redigiram um documento que ficou conhecido como o *Mayflower Compact*. Segundo Crété, neste documento as sementes de um Estado democrático estavam depositadas, embora faça algumas ressalvas. Eis o texto do documento:

> "Em nome de Deus, amém. Nós, cujos nomes se seguem, leais súditos de nosso soberano senhor Tiago [James], pela graça de Deus, rei da Grã-Bretanha, da França e da Irlanda, defensor da fé, tendo realizado, para a glória de Deus, a difusão da fé cristã e a honra de nosso rei e de nosso país, uma viagem para estabelecer a primeira colônia na parte norte da Virgínia, pelos presentes, realizamos solene e mutuamente, diante de Deus e de cada um de nós, uma aliança (*covenant*) e a constituição de um corpo político civil para nos garantir uma ordem e uma proteção

5. O MFP e o Sola Scriptura

maiores, e a busca dos objetivos precedentemente citados; em virtude dos quais, decretar, redigir e conceber, quando se fizer necessário, justas e **igualitárias leis** [grifo nosso], autorizações, atos, constituições e ofícios, segundo o que parecer melhor responder ao interesse geral da colônia, à qual prometemos toda a submissão e obediência que lhe são devidas. Dando fé a esse documento, escrevemos abaixo nossos nomes. Em Cape Cod, 11 de novembro do ano do reino de nosso soberano senhor Tiago, décimo oitavo rei da Inglaterra, da França e da Irlanda, e quinquagésimo quarto rei da Escócia. *Anno Domini* 1620" (CRÉTÉ, 2014).

A ressalva de Crété consiste em que a separação entre Igreja e Estado, na vida cotidiana da colônia, visava, na prática, menos garantir a liberdade de consciência do que preservar a ordem social. Além do mais, os puritanos eram muito intolerantes com pessoas de outras confissões e práticas protestantes. Em 1641, não hesitaram em criar um *Commonwealth* em Massachusetts, desafiando a autoridade do Parlamento Inglês (CRÉTÉ, 2014). Segundo Crété, é fato que essas leis proporcionavam mais segurança ao cidadão comum do que as leis inglesas no tocante aos direitos de se reunir, ir e vir, e se expressar livremente. A todo caso, os puritanos não viam problemas em fazê-lo, à medida em que um pacto com Deus era superior a um pacto com o Rei da Inglaterra. Mas os puritanos levariam a termo um outro elemento introduzido por Calvino em sua concepção entre Igreja e Estado.

Em seus sermões sobre Daniel cap. 6, Calvino abriu um sério precedente "revolucionário" ao admitir a desobediência civil ou a rebelião popular, caso o Estado quisesse obrigar o povo a obedecer a leis contrárias à Lei de Deus. O puritano Oliver Cromwell tinha isto em mente quando mandou executar o Rei Carlos I da Inglaterra, em 1649. Em 1776, quando da independência dos Estados Unidos da América, mais uma vez, serão protestantes de matriz reformada que irão se constituir numa importante voz a clamar por independência: os presbiterianos de origem escocesa e irlandesa. Eles haviam migrado para a América em 1717 e rapidamente haviam tornado-se mais numerosos e mais disseminados do que os puritanos. Já em 1750, haviam se estendido do Maine à Georgia – estes também haviam migrado por razões políticas, econômicas e religiosas.

Esta revolucionariedade da teologia calviniana, soltou aquelas amarras que a religião normalmente proporciona – à medida em que lida a partir de uma consciência religiosa que não mais se apoia em elementos externos à fé, mas que "lança toda a sua ansiedade" em um ativismo religioso que lhe permite evidenciar a sua eleição –, moldando uma poderosa e ambivalente força cultural. Segundo Galindo, esta convicção de um pacto firmado com Deus nos moldes do AT com base em uma eleição divina, periodicamente reaparecerá na história política dos EUA, na forma daquela "religião civil". Ela se concretizará tanto no surgimento do Partido Republicano – que usará aquela metáfora de Winthrop da "cidade sobre a colina" tanto para justificar sua política interna quanto sua política externa expansionista – quanto do Partido Democrata, que também aludirá à metáfora de Winthrop, porém colocando maior ênfase na promoção da justiça social (GALINDO, 1994, p. 153,154).

No século XX, quando os fundamentalistas norte-americanos demandarem do governo verbas públicas para suas escolas confessionais, mesmo sendo o Estado norte-americano um Estado laico, ver-se-á o eco desta compreensão de um Estado que não deve interferir na Igreja, mas que tem o dever de protegê-la.

5.1.2 Pietismo e Avivalismo

Pietismo[21] e avivalismo estão intimamente ligados, sendo o primeiro o "pai" do segundo. Por isso, naturalmente, tratar-se-á do movimento pietista em primeiro lugar. *Pietismo* é o nome de um MR nascido na Alemanha no século XVIII, em reação à ortodoxia luterana. Esta havia caído em uma frieza intelectual e dogmática, admitida e criticada até mesmo por seus próprios teólogos. Um de seus principais líderes foi Felipe Jacó Spener (1635-1705) que, em 1675, redigiu um libreto intitulado *Desejos Piedosos ou Sinceros Desejos de uma Reforma da Verdadeira Igreja Evangélica*. Segundo Dreher:

> Esse texto apresenta um diagnóstico das condições corrompidas da igreja, anuncia um futuro melhor para a igreja e oferece um programa de seis pontos para uma reforma da igreja: 1. Estudo e discussão de toda a Bíblia, em associações paralelas ao culto da comunidade; 2. Concretização do sacerdócio de todos os crentes, através do estudo da Bíblia, ensino, repreensão, consolo e vida santificada; 3. Exortação a clérigos e a leigos para que passem de um mero conhecimento da doutrina para uma prática da fé; 4. Redução das controvérsias e debates teológicos e confessionais, passando a haver santidade de vida; 5. Reforma do estudo teológico, como forma de

---

21 Dreher chama a atenção para o fato de que o Pietismo não é "propriedade do protestantismo", e que "o mesmo sentimento está também presente no mundo católico-romano", bastando lembrar a piedade encontrada no culto e na devoção ao sagrado Coração de Jesus (DREHER, 2006[a], p. 124).

renovação da igreja; 6. Centrar a pregação na edificação. (DREHER, 2006[a], p. 121).

O Pietismo foi, portanto, um MR de reação contra a ortodoxia, sendo que os pietistas entendiam-se como uma continuação da Reforma. "A doutrina fora reformada. Importava, agora, reformar a vida" (DREHER, 2006[a], p. 120). E não foi por acaso que este MR se deu no seio do luteranismo. Ao acentuar o aspecto individual em detrimento do coletivo e o aspecto espiritual em detrimento dos aspectos visíveis e exteriores – pia batismal, púlpito, confessionário e altar –, os pietistas não estavam introduzindo um elemento novo. Ao contrário, estavam se remetendo a Lutero que, como já foi mencionado, é devedor em sua teologia de forte componente místico. E foi a essa mística que os pietistas procuraram retomar (DREHER, 2006[a], p. 120; TILLICH, 2004[b], p. 48). A concepção dos pietistas é que a ortodoxia e sua excessiva racionalização da fé haviam se desviado do propósito inicial dos reformadores.

Segundo Dreher, o Pietismo busca superar o Confessionalismo por meio de uma acentuação da teologia da experiência contra a teologia do saber, uma semelhança com aspectos da reforma radical do século XVI (DREHER, 2006[a], p. 120). E todos os aspectos da reforma radical do século XVI acentuados pelos pietistas tem em comum o elemento da subjetividade. Nas palavras de Tillich:

> [...] Já no período da Reforma havia elementos que devemos chamar de místicos, e que se tornaram novamente atuantes no movimento pietista antiortodoxo. Isso se deu primeiramente na Alemanha do século dezessete (Spener e Francke), no metodismo britânico (os irmãos Wesley) e, finalmente, num grande número de movimentos sectários

nos Estados Unidos, todos reivindicando para si a presença do Espírito [...]. Finalmente, o pietismo conseguiu sacudir a ortodoxia que parecia tão bem protegida em sua fortaleza, ao apelar para o elemento da subjetividade presente nos próprios reformadores. Esse outro lado de Lutero e de Calvino havia sido negligenciado pela ortodoxia. Dessa maneira, o pietismo conseguiu quebrar esse sistema congelado de pensamento (TILLICH, 2004[b], p 49,50).

O Pietismo também deixará marcas profundas na formação da espiritualidade evangélica norte-americana. Principalmente por sua contribuição no processo de subjetivação da fé, da fé como experiência pessoal; desta fé "moderna" que se amalgamará tão perfeitamente ao espírito individualista daquela nação.

Já *Avivalismo* é um termo que denota mais do que um movimento, mas uma cultura que se formou a partir dos grandes movimentos de reavivamentos que tiveram início nos EUA e na Inglaterra, simultaneamente. Os dois expoentes deste movimento foram os ministros anglicanos John Wesley (1703-1791) e George Whitefield (1714-1770). Este último viajou dezenas de vezes às então colônias americanas, estabelecendo contato com puritanos que estavam imbuídos do mesmo espírito, dentre os quais, Jonathan Edwards (1703-1758). Com Edwards teve início o primeiro reavivamento propriamente dito, já que aquele fervor inicial dos pioneiros havia se esfriado e a população, agora bem maior e voltada para o comércio e as coisas "deste mundo", não manifestava mais aquele mesmo fervor religioso. Mendonça descreve assim o grande avivamento de Northampton, em 1734:

> Nos Estados Unidos o grande avivamento começou em Northampton, em 1734, com Edwards pregando sobre

a justificação pela fé. Os primeiros resultados foram desanimadores, pois apenas cinco ou seis pessoas tiveram experiências de conversão. Subitamente, contudo, a comunidade começou a manifestar interesse por uma religiosidade pessoal. Em seis meses cerca de trezentas pessoas foram convertidas, ou seja, quase toda a população da pequena cidade. De Northampton, o avivamento espalhou-se por outros lugares da mesma região e depois para outros Estados, como Connecticut e Nova Jersey. A técnica usada era muito simples: pregação pelo pastor, seguida de reuniões de oração divididas por idade e, finalmente, entrevistas pessoais com o pastor. Os sermões tratavam sempre da justificação pela fé, numa interpretação tipicamente calvinista, enfatizando a incapacidade humana de alcançar, por seus próprios meios, a satisfação da justiça divina. Ainda em uma linha calvinista, forte ênfase era dada à soberania absoluta de Deus, o que fazia com que o neoconverso, mesmo depois de sua experiência de conversão, ainda permanecesse em dúvida sobre sua salvação. Edwards e seus seguidores inculcavam em seus ouvintes o temor da ira e do julgamento divinos, falando do perigo que a alma de cada ouvinte corria de sofrer eternamente no inferno (MENDONÇA; VELÁSQUES FILHO, 1990, p. 83).

Mendonça; Velásques Filho identificaram duas linhas teológicas principais com as quais a maioria dos avivalistas se identificou: a "linha puritano-avivalista" e a "linha arminiano-avivalista". Esta segunda linha, seguindo o mesmo viés de forte emocionalismo da primeira, veio a suplantá-la. Ela é um legado do pietismo trazido por John Wesley e por seu metodismo, versão anglicana das *ecclesiola in ecclesia* (igrejinhas na igreja). Diferente da ética puritana, a ética arminiana tem como sinais exteriores da salvação uma vida de abstinência e de ascese extramundana. (MENDONÇA;

VELÁSQUES FILHO, 1990, p. 89-92). Mas o mais importante a se considerar neste segundo caso, é que:

> [...] o avivalismo será transformado numa experiência emocional que será identificada com a regeneração, ou o novo nascimento. Os sinais exteriores desse novo nascimento serão os votos de abstinência e de completo isolamento de tudo aquilo que pareça ser mundano. Foi o segundo grande avivamento que evangelizou quase todos os Estados Unidos e transformou o século XIX na Era Metodista (MENDONÇA; VELÁSQUES FILHO, 1990, p. 92).

Algumas considerações sobre Pietismo e Avivalismo:

Os vários avivamentos dentro da diversidade religiosa norte-americana contribuíram para um processo de subjetivação da fé que moldou o perfil do evangelicalismo naquele país. Quando o MFP surgir, ao fim deste mesmo século XIX, "cada grupo haverá absorvido um pouco do outro, tornando o protestantismo norte-americano uma complexidade capaz de confundir historiadores, teólogos e sociólogos, especialmente católicos" (MENDONÇA; VELÁSQUES FILHO, 1990, p. 108). Para Mendonça; Velásques Filho, serão os avivalistas e os fundamentalistas que se sobreporão e, em muitos casos, se fundirão, ora predominando numa; ora em outra denominação (MENDONÇA; VELÁSQUES FILHO, 1990, p. 108).

A acentuação no lado "subjetivo" da igreja, vendo com naturalidade o estabelecimento das "igrejinhas na igreja", proporcionou uma força ambivalente. Segundo Dreher, isto estimulou o separatismo (DREHER, 2006[a], p. 120), o que é verdade, por exemplo, no caso do Metodismo, que começou como um MR e cresceu de tal maneira, que tornou-se uma Igreja propriamente dita, a Igreja Metodista Episcopal. Por outro lado, essa eclesiologia subjetiva proporcionou movimentos transconfessionais, como o próprio pietismo, o avivalismo e o fundamentalismo. Quando o MFP eclodir, esforços de toda a natureza por partes das principais denominações norte-americanas serão despendidos em prol de uma causa não somente transconfessional mas também supradenominacional, e tanto o pietismo quanto o avivalismo terão contribuído para isto. Neste mesmo espírito de subjetividade e individualismo, o SS evoluirá para o NS, ou seja, a Bíblia lida "face a face", sem a mediação da Igreja ou da Tradição. Disto falaremos a seguir.

5.1.3 Do *Sola Scriptura* ao *Nuda Scriptura*

O que vem a ser *nuda scriptura*? Podem ser usadas várias explicações. Uma delas é aquela dada acima por Gilbert: a Bíblia como uma "obra posta à mesa diante dos olhos do leitor, numa espécie de face a face até então desconhecida" (GILBERT, 1995, p. 144). Para George, o NS é uma transmutação do SS, que eleva a Escritura a um patamar absoluto. Por isso, ela pode ser lida dispensando todos os dogmas legados pelos Pais da Igreja nos antigos Concílios de Niceia, Constantinopla, Éfeso e Calcedônia. Eles são desnecessários. Para os que creem assim, a autoridade da Escritura é, literalmente, única (GEORGE, 2016).

Como surgiu? Suas origens remontam à Reforma Radical[22], um movimento que, durante o século XVI, correu

---

22 Segundo Lutero, os católicos erravam "à esquerda" e os radicais "à direita", ambos errando o caminho da verdade. Dado ao anacronismo do uso da expressão "ala esquerda" quando lida em perspectiva moderna, George H. Williams, em sua obra *The Radical Reformation*, propôs o termo "reforma radical" como um termo que pudesse abarcar "todos aqueles grupos de inovadores religiosos que não

à margem da RM. George, entretanto, faz questão de ressaltar que essa marginalidade diz respeito ao fato de que as suas comunidades existiam e viviam à margem das igrejas oficiais, tanto Católicas quanto protestantes; quanto a seus "direcionamentos básicos e vitalidades espirituais". Porém, não foi um movimento nem periférico, nem marginal (GEORGE, 1993, p. 251). O movimento era diverso e variava em concepções teológicas, eclesiológicas, sociais (uns eram revolucionários, e outros pacifistas) e, enfim, quanto ao grau de radicalidade.

Seu principal líder foi o holandês Menno Simmons (1496-1561), um ex-padre católico que abraçou o anabatismo em 1536. Como reformador, Menno difere significativamente de Lutero e Calvino. Não houve em sua conversão, influências outras além da Bíblia. Admitiu não ter tido proficiência em línguas, tendo inclusive escrito sua obra em sua própria língua materna. Salvo raras exceções encontradas em seus escritos, Menno sequer recorria à Tradição da Igreja para definir as doutrinas bíblicas. Sua prática usual era "falar onde a Bíblia fala, e calar-se onde a Bíblia se cala" (GEORGE, 1993, p. 273). Sua concepção do SS era ainda mais radical do que a dos suíços, embora menos radical do que a dos primeiros líderes do movimento. Segundo George:

> Muitos dos anabatistas recorriam a um literalismo simplista em sua interpretação da Bíblia. Isso levou a práticas extremas, tais como a poligamia em Münster e o fato de correrem nus ao longo das ruas de Amsterdam (com base em Isaías 20.2,3). Guy de Brès, líder reformado da Bélgica, contou de certos anabatistas que pregavam em cima dos telhados porque Jesus havia dito que "o que se

---

permaneciam nem na igreja Católica romana, nem nas principais protestantes (GEORGE, 1993, p. 253).

vos diz ao ouvido, proclamai-o dos eirados" (Mt 10.27), enquanto outros se disfarçavam de crianças pequenas porque Jesus dissera que a pessoa deve tornar-se como uma criancinha para entrar no reino dos céus (Mt 10.2-4). Menno não concordava com esses extremistas; contudo, ele insistia em que a proibição de Jesus sobre os juramentos e sua admoestação à não-resistência fossem seguidas literalmente (GEORGE, 1993, p. 272).

Para os radicais, as Escrituras são a única autoridade de fé e prática, assim como para os reformados, mas com uma diferença: para os primeiros, a interpretação da Bíblia está desvinculada da Tradição, sendo esta substituída completamente pela ajuda do Espírito Santo. Decorre disto que os radicais, a pretexto de serem mais bíblicos, solaparam aquele esforço dos reformadores magisteriais de estabelecer uma relação de objetividade com as Escrituras por meio de uma nova matriz hermenêutica, a saber, o método histórico--gramatical. Ao abandonarem o testemunho da Tradição, cederam lugar à subjetividade, ao se colocarem naquele "face a face com as Escrituras".

Ainda no século XVI, muitos grupos anabatistas migraram para as novas colônias da América para fugir das sangrentas perseguições que sofriam no velho continente. Eles recusavam-se a prestar serviço militar e a prestar qualquer tipo de juramento. Viviam isolados em comunidades ou conventículos e só batizavam pessoas adultas ou crianças com idade suficiente para compreender a decisão que estavam tomando. Aliás, é daí que vem o seu nome: "Anabatistas" são os que recusam a prática do batismo infantil e rebatizam. Foram perseguidos, torturados e mortos tanto por protestantes quanto por católicos. Até hoje, o maior número de descendentes dos anabatistas encontra-se nos EUA.

Há pouquíssimas similaridades entre os anabatistas e os fundamentalistas, exceto quanto a radicalidade de compreender o SS. O interesse sobre este grupo provém exclusivamente da sua radical relação com o princípio do SS. No caldeirão religioso que se formaria nas colônias da América, com grupos de todas as confissões de fé protestantes – além de católicos –, os menonitas também contribuirão para a formação daquele protestantismo popular, tão característico naquele país.

No decorrer do século XIX, foram os puritanos e outros grupos surgidos nos EUA – dentre eles muitas seitas como as Testemunhas de Jeová e os Adventistas do Sétimo Dia – que estreitaram o princípio do SS para NS, ao adotar a ideia de que "A Escritura interpreta a própria Escritura" e que, portanto, seria ela "suficiente como única fonte de doutrina e prática cristãs" em todos os aspectos. Segundo o autor adventista Leandro Bertoldo:

> O Universo do cristão é a Bíblia Sagrada. Tudo o que está fora da Bíblia Sagrada não faz parte do Universo Cristão. A Bíblia, somente a Bíblia é a regra de fé e prática. Esse é o célebre princípio da *Sola Scriptura*, que etimologicamente significa "somente a Escritura". Desse princípio derivou o princípio da *Nuda scriptura*, adotando a posição de que "A Escritura interpreta-se com a própria Escritura". Em geral, as Escrituras Sagradas são para os fiéis cristãos a única fonte de fé, norma de conduta e doutrina suficiente e infalível (BERTOLDO, 2008, p. 13).

O NS servirá como base para a teologia dispensacionalista, da qual trataremos a seguir. O dispensacionalismo será, na verdade, o elemento catalisador do MFP com seu messianismo e seu meta-relato apocalíptico.

5.1.4 Teologia Dispensacionalista

A teologia dispensacionalista ou dispensacionalismo é a expressão máxima do NS. Baseia-se numa leitura literal e nua das Escrituras, da qual emerge a ideia de que Deus interagiu e interage com os homens no decorrer de períodos de tempo bem definidos. Em cada um destes períodos ou dispensações, Deus revela a este mesmo homem determinado propósito a ser cumprido, ao qual ele deve responder pela obediência da fé ou pela desobediência decorrente de sua incredulidade. Para os dispensacionalistas, Cristo é o único salvador e único meio de salvação em todas as dispensações. O que varia é o conteúdo da fé de acordo com a forma da revelação dada em cada dispensação. Segundo Rowdon:

> Os dispensacionalistas diferem na identificação das dispensações, mas de modo geral pode-se distinguir: a dispensação da inocência (Adão antes da queda); da consciência (de Adão depois da queda a Noé); da promessa (de Abraão a Moisés); da lei mosaica (de Moisés a Cristo); da graça (atual, do Pentecoste ao vindouro arrebatamento); e a do milênio. A distinção entre Israel e a Igreja (exceto na dispensação da graça) é, nesse caso, crucial. A sistematização da teologia dispensacionalista moderna deve muito a J. N. Darby e à Bíblia de Referência Scofield (1909, do congregacionalista americano Cyrus I. Scofield, 1843-1921). Seu princípio hermenêutico básico é o da interpretação literal, sem eliminar símbolos, figuras de linguagem e tipologia, mas insistindo em que, do começo ao fim, "a realidade do significado literal dos termos envolvidos" é determinante (Ryrie, Dispensationalism Today, p. 87).

Assim, por exemplo, a promessa de um reino terreno, dada a Israel como nação, deverá ser cumprida literalmente, em um reino futuro e milenar (como analogia do cumprimento literal das promessas messiânicas relativas a Jesus). Os dispensacionalistas aceitam que os judeus crentes, como indivíduos, têm seu lugar reservado na Igreja ainda durante a dispensação da graça, mas as promessas feitas à semente natural de Abraão esperam, para o cumprimento, o retorno pré-milenar de Cristo e sua Igreja. Terá início, então, a dispensação em que serão concedidas as bênçãos materiais prometidas a Israel — e que serão características, mas não com a exclusão da dimensão espiritual (ROWDON, 2009, p. 1038-1039).

De todos estes elementos que contribuirão para a eclosão do MFP, o dispensacionalismo será o último a desenvolver-se, mas será precisamente ele o elemento catalizador do movimento. A liderança do citado teólogo congregacional Cyrus Scofield será marcante. Nos EUA, estes foram os principais elementos impulsionadores do MFP. Entretanto, antes de finalmente analisarmos o MFP e sua concepção do SS, faz-se necessário ainda uma volta ao outro lado do Atlântico. Nas academias do Velho Continente, principalmente na Alemanha, nascia a teologia protestante moderna. E será em reação a ela que o MFP finalmente surgirá.

5.2 Ilustração e Teologia Protestante Moderna

Segundo Tillich, o surgimento do racionalismo se deve, ainda que em parte, à necessidade de autonomia do cristão protestante que, pela própria natureza de sua fé, se rebela contra qualquer forma de heteronomia (TILLICH, 2004[b], p. 50, 51). E esta foi uma das demandas com a qual os teólogos do pós-Reforma tiveram de lidar. Aqui vale lembrar que a fé protestante é extremamente paradoxal, em todos os seus aspectos, inclusive no aspecto educacional. O paradoxo consiste em que, se por um lado, a doutrina do sacerdócio universal dos crentes igualou leigos e ministros em uma mesma necessidade de conhecerem a razão de sua fé em si mesmos[23], libertando suas consciências de qualquer forma de tirania institucional, esta mesma necessidade, por outro lado, levou os teólogos do pós-Reforma a racionalizar esta fé, apelando para o uso da teologia natural (racional), com o intuito de produzir confissões de fé e catecismos em um nível tal de racionalização que todos, ministros ou leigos, cultos ou ignorantes, pudessem compreendê-la e assimilá-la corretamente. Eis o paradoxo: a fé pessoal autônoma do cristão protestante precisa ser racionalizada, mas esta racionalização lhe impõe uma relação heterônoma, quando aprisiona sua consciência dentro dos limites estreitos de sua confissão de fé. Por isso, como explica Tillich:

> A infraestrutura da teologia ortodoxa é a teologia natural, e a teologia natural é a teologia racional. A crítica racional da teologia revelada veio de dentro da própria ortodoxia. A teologia racional preocupou-se em formular argumentos em favor da existência de Deus, e coisas semelhantes, tentando construir uma teologia capaz de ser aceita universalmente pela razão pura. A revolta veio daí, da

---

23 Tillich lembra que a teologia clássica dos reformadores, baseada no *sola scriptura*, "vem a nós de fora, coloca-se na nossa frente e nos julga, de tal modo que a aceitamos sob a autoridade das experiências reveladoras dos profetas e apóstolos". (TILLICH, 2004[b], p, 52). O elemento místico consiste, então, na ação interior do Espírito Santo, dando vida à Palavra proclamada e confirmando-a. É o eixo *sola scriptura – sola fide*.

infraestrutura contra a superestrutura. A infraestrutura baseava-se em argumentos racionais; a superestrutura, que era a teologia revelada, se baseava nas fontes da revelação [...] Como resultado dessa situação tivemos a polêmica do século dezoito entre as teologias naturalistas ou racional e a sobrenatural. A ortodoxia acabou enfraquecida, em consequência. O pietismo e o racionalismo, afinal, tinham um elemento em comum. O pietismo era mais moderno do que a ortodoxia. Estava mais próximo da mente moderna por causa da sua subjetividade [...] O misticismo era o denominador comum presente no pietismo, ou avivalismo, como também é chamado, e no racionalismo. Esta é uma das mais importantes observações para se entender o desenvolvimento da teologia protestante depois da Reforma até hoje (TILLICH, 2004[b], p. 51).

É interessante notar que, para Tillich, "pietismo" e "avivalismo" são termos equivalentes ou intercambiáveis. Isto porque a essência é a mesma, a forma exterior é que assume diferentes contornos, conforme as variantes sociais, religiosas e culturais. No mundo anglo-saxão, o pietismo assumiu a forma do avivalismo. Na Alemanha, o pietismo assumiu outras formas, dentre elas, a Ilustração, a qual, segundo Dreher, funcionará como "eco e acentuação de muitas das ênfases pietistas: orientação para o futuro, cristianismo não dogmático, centralidade da experiência humana, leitura histórica da Bíblia" (DREHER, 2006[a], p. 125). Nas palavras de Dreher:

> Não se olhava mais para o passado com seus modelos clássicos, mas para o futuro da humanidade. O ser humano seria capaz de tudo, bastaria investir na educação. *Gotthold Ephraim Lessing* (1729-1781) expressou-o para os alemães em seu livro *A Educação da Raça Humana*, o suíço *Jean*

Jacques Rousseau (1712-1778) no Émile, ou *Tratado sobre Educação*, e o igualmente suíço Johann Heinrich Pestalozzi (1746-1827) o fez no seu *Como Gertrudes Ensina seus Filhos*. O que Francke iniciara em Halle teve continuidade nos centros de formação de professores (DREHER, 2006[a], p. 125).

No entanto, para este trabalho, interessa-nos especificamente a relação entre Ilustração e Pietismo na Alemanha que, segundo Dreher, tem na Guerra dos Trinta Anos, as "razões históricas e teológicas para a peculiaridade alemã" (DREHER, 2006[a], p. 128).

A Guerra dos Trinta anos devastou a Alemanha e a deixou atrasada em relação ao resto da Europa. Os principados que eram outrora parte do Sacro Império Romano, agora se viam divididos política, cultural e religiosamente entre católicos, luteranos e calvinistas. Em decorrência disso, será nas universidades, entre professores e grupos dirigentes do absolutismo esclarecido, que surgirão os principais representantes da Ilustração alemã. Também neste contexto, os ataques do Pietismo à OP já haviam preparado o caminho para as "sugestões práticas de reforma que seriam feitas pela Ilustração" (DREHER, 1006[a], p. 128,129).

A esta altura, a alta crítica bíblica evoluíra consideravelmente. Dada a impossibilidade de conciliar a nova epistemologia empirista e cartesiana com a Bíblia como livro "inspirado por Deus" – seus relatos de milagres que não se verificam pelo senso comum, o nascimento virginal de Cristo, sua ressurreição e as contradições internas entre os textos bíblicos quando analisados criticamente –, novos caminhos metodológicos tiveram de ser traçados. Começam a ser lançadas as bases para o desenvolvimento do método histórico-crítico.

Por conta de seu racionalismo cartesiano, ocorreu que na ilustração alemã, cada vez mais, o cristianismo foi sendo reduzido à moralidade (DREHER, 2006[a], p. 130). Basta esta contextualização para que possamos compreender o pensamento teológico daquele que foi considerado o "pai do liberalismo teológico": Friedrich Schleiermacher. Será em reação a este reducionismo iluminista que ele proporá uma nova hermenêutica.

5.2.1 A Hermenêutica de Friedrich Schleiermacher

Schleiermacher é o pai da hermenêutica romântica, a qual surge também em contexto fortemente apologético com o Iluminismo, por conta dos efeitos reducionistas que este havia produzido sobre a religião de um modo geral. Gadamer destaca que a "pré-história da hermenêutica romântica" desenvolvera-se por dois caminhos, a saber: o teológico e o filológico. O caminho teológico foi o que os teólogos protestantes do pós-Reforma trilharam em suas polêmicas com os teólogos católicos tridentinos; o caminho filológico foi o caminho trilhado pelos humanistas e a *instrumentaria* por eles desenvolvida em suas tentativas de redescobrimento da literatura clássica" (GADAMER, 1997, p. 273). Em ambos os casos era necessário recorrer ao grego e ao hebraico como volta às fontes em seus originais até que, por ocasião da Reforma, estas duas tradições, a humanista e a religiosa, encontraram-se.

Lutero havia resumido o *approach* do hermeneuta bíblico da seguinte forma: a Bíblia era *sui ipsus interpres* (sua própria intérprete), de forma que não se sustentava o argumento católico de que houvesse necessidade de uma recorrência à Tradição. De igual modo, não haveria necessidade do uso do sentido quádruplo de interpretação das Escrituras, "já que sua literalidade possui um sentido unívoco, que deve ser intermediado por ela própria, o *sensus literalis*" (GADAMER, 1997, p. 275). Este sentido de literalidade, em Lutero, não prescindia, entretanto, de uma relação do texto particular com o todo da revelação. Os antigos já sabiam disso e Lutero, aqui, não introduz nada de novo: havia uma relação circular que ia do todo para as partes e voltava das partes para o todo. O sistema luterano, entretanto, como bem colocou Gadamer, utilizava-se da instrumentalidade humanista, mas era dogmática quanto ao seu princípio hermenêutico; o SS. Segundo Gadamer:

> Na medida em que a teologia da Reforma apela a este princípio para a sua interpretação da Escritura Sagrada, continua, de fato, presa a uma pressuposição, cujo fundamento é dogmático. Pressupõe que a própria Bíblia é uma unidade. Julgada a partir do ponto de vista histórico, a que se chegou no século XVIII, também a teologia da Reforma é dogmática e confunde o caminho a uma sã interpretação individual da Escritura Sagrada, que tivesse em mente o conjunto relativo de uma escritura, sua finalidade e sua composição, cada vez em separado. [...] Mas ainda: a teologia da Reforma parece nem sequer ser consequente. Ao acabar reivindicando como fio condutor para a compreensão da unidade da Bíblia, a fórmula de fé protestante suspende, também ela, o princípio da Escritura, em favor de uma tradição reformatória, que em todo caso é breve (GADAMER, 1997, p. 276,277).

De outro lado, o racionalismo iluminista havia se tornado para a fé protestante o que a "navalha de Ockham" havia sido para o catolicismo medieval: ele questionou as bases epistemológicas nas quais a "razão da fé" protestante estava apoiada. A crítica textual de um Cappel, que já se mostrava independente no século XVII, veio a libertar-se da interpretação dogmática no século XVIII, "quando homens como Semler e Ernesti reconheceram que, para compreender adequadamente a Escritura, pressupõe-se reconhecer a diversidade de seus autores, e abandonar, por consequência, a unidade dogmática do cânon" (GADAMER, 1997, p. 277).

O Iluminismo também havia proposto diversas releituras da religião como o deísmo e o teísmo, buscando uma nova locação para ela na vida moderna até que, por fim, chegasse a seu apogeu com a filosofia de Immanuel Kant (1724-1804), o qual relegara a religião praticamente à categoria de mera crença. Como fazer teologia então? Ainda que a vida moderna continuasse a pedir o "sentido de ser" da realidade circundante, sobre qual base epistemológica ela poderia ser feita? Foi esta a síntese teológica que Schleiermacher se propôs a fazer. Para tanto, buscou de um lado defender a religião dos ataques dos ilustrados e, por outro, buscou demonstrar a estes mesmos ilustrados – sem prescindir de todas as conquistas do pensamento humano que já se avolumavam consideravelmente em seu tempo – qual seria a correta relação entre o pensamento crítico e a religião.

Sua contribuição hermenêutica provém de sua teologia que, em sua concepção, divide-se em três partes: teologia filosófica, histórica e prática. Ocupa lugar privilegiado nesta última a teologia dogmática. Tornou-se célebre sua introdução da *Doutrina da fé*, na qual afirma que a base de todas as sociedades eclesiais reside na piedade, que "não é nem um saber nem um agir, mas uma determinação do sentimento ou da consciência de si, imediata" (SCHLEIERMACHER *apud* BRITO, 2004, p. 1627).

Tillich chama a atenção que, em Schleiermacher, "sentimento" não deveria – e não deve – ser entendido meramente como emoção subjetiva, mas como "o impacto produzido pelo universo sobre nós nas profundezas de nosso ser, capaz de transcender sujeito e objeto" (TILLICH, 2004[b], p. 118). A distância entre o sujeito (eu que aqui estou) e o objeto (Deus, que lá adiante está), é superada pela proposta de uma percepção imediata da divindade. Sua proposta era, como diz o título de seu livro *Sobre a Religião: aos cultos dentre os seus desdenhadores* (1799), fornecer uma resposta aos cultos detratores da religião.

O mesmo princípio aplica-se à sua hermenêutica. E foi sobretudo no campo hermenêutico que Schleiermacher atraiu a atenção dos teólogos e pensadores do século XIX. Segundo Inwood, para Schleiermacher:

> Em cada nível de interpretação estamos envolvidos em um círculo hermenêutico. Não podemos saber a leitura correta de uma passagem no texto a menos que conheçamos, *grosso modo*, o texto como um todo; não podemos conhecer o significado de uma palavra a menos que saibamos os significados das palavras que a rodeiam, e do texto como um todo; [por outro lado] conhecer o significado do todo requer o conhecimento de palavras individuais. Não podemos compreender o texto por completo a não ser que conheçamos a vida e a obra do autor como um todo, o que requer o conhecimento de textos e outros acontecimentos que constituem sua vida. Não podemos compreender um texto por completo a não ser que conheçamos por completo a cultura que deu origem ao texto, o que pressupõe o conhecimento dos textos e acontecimentos que constituem

a cultura. Não só existe a circularidade em cada nível de interpretação como também entre os níveis. Não podemos escolher uma leitura correta de uma passagem particular a não ser que já saibamos alguma coisa sobre o seu significado, e também sobre a vida ou cultura do autor. [...] Quando Schleiermacher quis reconstruir o significado verbal de um texto, na crença de que "o pensamento e sua expressão" são coisas idênticas, respondia à pergunta: "O que quer dizer o autor através do texto?" Como podemos saber o que Shakespeare quis dizer (isto é, o que ele tinha em mente)? Podemos sabê-lo da mesma maneira que sabemos o que um contemporâneo, com o qual discutimos, tem em mente? Nossas mentes não são tão diferentes da de Shakespeare; existe uma "afinidade espiritual" entre nós. Se adquirimos conhecimento suficiente sobre sua vida e obra, podemos imaginativamente pôr-nos no seu lugar, reproduzindo seu pensamento (INWOOD, 2007).

Exteriormente, Schleiermacher expande o ciclo hermenêutico para além da questão da compreensão do texto somente. Já não quer responder somente às questões relacionadas ao texto. Ele busca agora a compreensão de um contexto mais amplo, o qual requer a restauração histórica do contexto de vida, mas numa relação que, no caso das Escrituras, não pode restringir-se aos limites de uma leitura dogmática. Antes pretende compreender o que o escritor tinha em mente, para além da linguagem que este usou. Se por um lado, reconhece e assume a subjetividade do outro que escreve, por outro, propõe atingir o conhecimento da intenção deste, tendo por filosofia aquela "afinidade espiritual" a que Inwood se refere.

Interiormente, Schleiermacher acrescenta ao círculo hermenêutico sub-círculos hermenêuticos, onde acomoda a razão a serviço de uma busca que é, sim, objetiva, mas que aprofunda a hermenêutica ao nível psicológico, ao mesmo tempo em que a eleva ao nível filosófico. Consequentemente, assim como o "sentimento" é capaz de transcender sujeito e objeto, a hermenêutica universal proposta por Schleiermacher deve, igualmente, ser capaz de transcender aquela distância entre o "eu" e o "tu". Em outras palavras, a experiência de vida do intérprete proporciona um ponto de contato, ou de "pré-entendimento", com o qual aborda o texto.

É importante ressaltar que, apesar de filósofo, historiador, acadêmico, e escritor, foi como teólogo que Schleiermacher sentiu-se motivado a elaborar esta abstração metodológica. Sua intenção era ensinar como o discurso e a tradição escrita da Bíblia deveriam ser compreendidos, dado à importância que estes têm para a doutrina da fé. Schleiermacher é o pai da teologia protestante moderna porque sua proposta de uma hermenêutica universal admite o emprego de todo um cabedal de conhecimento científico que, a essa altura, já havia se multiplicado para muito além dos clássicos *trivium* e *quadrivium*. Com base em sua proposta, toda a crítica racional pode agora ser incorporada ao processo hermenêutico, dando origem ao Liberalismo Teológico que, com o auxílio do método histórico-crítico, norteará a teologia protestante até o início do século XX.

Quais os problemas com a teologia e com a hermenêutica universal propostas por Schleiermacher? Para um cristão ortodoxo – seja ele católico, ortodoxo ou protestante –, o problema com a teologia de Schleiermacher é o seu viés místico, que é sempre visto com desconfiança pelas REs. Quanto à sua proposta hermenêutica, o problema residia no fato de que, para Schleiermacher, assim como a essência da religião reside naquele "sentimento", o mesmo se dá com os principais dogmas da fé cristã. Estes agora não se baseiam e não dependem mais da historicidade dos fatos relatados nas Escrituras, principalmente no NT. Deus os transmite ao cristão ao longo de sua caminhada de fé pela mesma via.

Assim, a visão de Schleiermacher sobre a essência da religião repercutiu, por exemplo, sobre sua concepção da redenção, pois assim como a religião é um sentimento dentro de nós, assim também se pode dizer da redenção. A redenção agora não depende mais – e nem se trata – de um fato histórico e objetivo ocorrido na cruz há dois mil anos; é, antes, uma experiência que ocorre o tempo todo dentro dos cristãos que se dão conta dessa dependência, já que Cristo nos transmite sua consciência divina, assim como o poder redentor de Deus. Todo o significado da graça de Cristo é interiorizado por meio da consciência divina perfeita de Jesus a qual se torna, pelo menos em parte, nossa.

De fato, a proposta hermenêutica de Schleiermacher resolve os problemas levantados pela alta crítica e pelos iluministas, mas sob o alto custo de retirar da Bíblia seu fundamento testemunhal como base da historicidade da fé. No cristianismo proposto por Schleiermacher, os dogmas perdem seus vínculos tanto com as Escrituras, quanto com a Igreja. Nos EUA, o fundador do Seminário de Princeton, o pastor e teólogo presbiteriano Charles Hodge, construirá todo o seu pensamento teológico em perspectiva polemista com Schleiermacher, lançando as bases para o MFP.

5.3 A Teologia de Princeton

Há uma vasta bibliografia em inglês sobre a importância da teologia de Princeton nos EUA. Seus teólogos exerceram uma ampla influência na vida intelectual americana no século XIX. No meio do chamado "evangelicalismo", esta influência ainda se faz presente até os dias de hoje. Segundo Knoll:

> O estudo dessas figuras é quase tão instrutivo para os teólogos quanto para os historiadores. Os teólogos de Princeton expressaram suas convicções sobre o método teológico com força, tomaram posições firmes sobre a aplicação da crença cristã, e trabalharam poderosamente para incluir a teologia e a ciência dentro de um quadro comum. Até hoje, eles continuam a serem numerados entre os mais articulados expoentes do Calvinismo na América[24] (KNOLL, 2001, p. 4 – tradução nossa).

Para compreender a teologia de Princeton, faz-se necessário, antes de mais nada, uma breve análise das razões que levaram à fundação do Seminário de Princeton. Elas remetem ao início do século XIX, quando a liderança da *Presbiteryan Church of the United States of America* (PCUSA) sentiu necessidade de envidar esforços para formar ministros aptos para lidarem com os desafios teológicos, apologéticos, evangelísticos e missionais de seu tempo.

Em 1806, a Assembleia Geral da PCUSA – dentre eles Alexander Archibald, cuja liderança à frente do *Hampden Sidney College*, na Filadelfia, havia sido particularmente profícua – sentiu a necessidade de criar instituições de ensino teológico por todo o país. Os pastores Samuel Miller e Ash-

---

[24] Study of these figures is almost as instructive for theologians as for historians. The Princetonians expressed convictions about theological method forcefully, they took firm stands on the application of Christian belief, and they labored mightily to include both theology and science within a common framework. To this day they continue to be numbered among America's most articulate exponents of Calvinism.

bel Green, no entanto, não somente argumentaram como trabalharam durante o inverno de 1809/10 e na Assembleia Geral de 1810 em prol da criação não de muitos, mas de um único seminário que atendesse aos então quatro sínodos do país. Eles argumentavam que seria melhor concentrar todos os recursos humanos e materiais da denominação em um só seminário, do que dispersá-los pelo país. Mas o que transformou a discussão em ação, foram alguns eventos ocorridos no ano de 1808. Segundo Knoll:

> No ano de 1808, dois eventos concentraram a atenção presbiteriana na necessidade de treinamento especializado de ministros. A primeira foi a fundação do Seminário Andover, em Massachusetts, por congregacionalistas trinitarianos que estavam padecendo com a nomeação de um Unitarista como Professor Hollis[25] de Divindade em Harvard. Os passos dados em Andover ofereceram um modelo para o que os presbiterianos poderiam fazer para atender à demanda urgente de ministros e para verificar a secularização crescente da nação. O segundo evento foi

---

25 A cadeira "Hollis" de Divindade é uma cadeira recebida na Harvard Dinivity School. Foi estabelecida em em 1721 por Thomas Hollis, um abastado mercador e benfeitor da Universidade. Hollis, que era inglês e professava a fé batista, nunca visitou a Nova Inglaterra, mas estava familiarizado com Harvard por meio de seu tio Robert Thorner, que tinha deixado a soma de 500 libras para o Colégio em seu testamento. Hollis estava interessado nas "liberdades que os batistas da Nova Inglaterra desfrutavam". "Hollis acreditara que Harvard era uma instituição acadêmica que seria de mente aberta para todas as seitas, e ele estava interessado em incentivar o espírito liberal que estava ganhando força em Boston e Cambridge", escreveu William Bentinck-Smith e Elizabeth Stouffer em "História da universidade de Harvard de cadeiras nomeadas" (1995). O londrino compreendia a intolerância religiosa, já que sua fé batista o colocava em desacordo com a Igreja da Inglaterra. Preocupado com a intolerância percebida dos congregacionalistas da Nova Inglaterra, Hollis estipulou várias condições para a nova cátedra, com o objetivo de evitar o viés religioso. Nas regras estabelecidas por Hollis, o titular da cadeira teria que "ser um Mestre em Artes, e em Comunhão com alguma Igreja Cristã de uma das três Denominações, Congregacional Presbiteriana ou Batista" (WALSH, 2002)

um sermão poderoso na Assembleia Geral Presbiteriana em maio pelo moderador aposentado, Archibald Alexander. Em retrospecto, é claro que este sermão iniciou o impulso público para a educação do seminário entre os presbiterianos. [...] Embora ele não pudesse ter sabido que, à época, temas de seu sermão se tornariam princípios das próprias atividades no seminário da denominação em Princeton. A mensagem pintou uma imagem convincente dos perigos dos tempos – erros e infidelidade, "cristianismo racional" e "entusiasmo" E apontou para o que seria o alicerce da futura Teologia Princeton, a autoridade de fundação da Escritura como a única fonte para o ensino cristão (KNOLL, 2001, p.1. Tradução nossa[26]).

Finalmente, em 1810 a Assembleia Geral da PCUSA comissionou Ashbel Green para elaborar uma constituição para o seminário. Ligeiramente modificado pela Assembleia em 1811, o que segue são trechos do documento original:

> Propósitos: formar homens para o ministério evangélico, que verdadeiramente acreditem e amem cordialmente e, portanto, se empenhem em propagar e defender, na

---

26   In the year 1808 two events concentrated Presbyterian attention on the need for specialized training of ministers. The first was the founding of Andover Seminary in Massachusetts by Trinitarian Congregationalists smarting over the appointment of a Unitarian as Hollis Professor of Divinity at Harvard. The steps taken at Andover offered a model for what Presbyterians could do to meet the urgent demand for ministers and to check the nation's growing secularization. The second event was a powerful sermon at the Presbyterian's General Assembly in May by the retiring moderator, Archibald Alexander. In retrospect, it is clear that this sermon initiated the public push for seminary education among the Presbyterians. [...] Although he could not have known it at the time, themes of his sermon would become principles of his own activities at the denomination's seminary at Princeton. The message painted a convincing picture of the dangers of the times-errors and infidelity, "rational Christianity" and "enthusiasm" And it pointed to what would be the bedrock of the future Princeton Theology, the foundation authority of Scripture as the sole source for Christian teaching.

sua genuinidade, simplicidade e plenitude, o sistema de crenças e práticas religiosas Confissão de Fé, Catecismos e Plano de Governo e Disciplina da Igreja Presbiteriana; E assim perpetuar e estender a influência da verdadeira piedade evangélica e da ordem evangélica. Artigo IV, Seção 1: "Todo aluno, ao final de seu curso, deve ter feito as seguintes realizações, ou seja, deve ser bem qualificado nas línguas originais das Sagradas Escrituras. Ele deve ser capaz de explicar as principais dificuldades que surgem na leitura das Escrituras, quer de traduções erradas, aparentes inconsistências, obscuridades verdadeiras, das objeções que surgem da história, razão ou argumento. Ele deve ser versado em antiguidades judaicas e cristãs, que servem para explicar e ilustrar as Escrituras. Ele deve ter intimidade a geografia antiga, e com os costumes orientais, que lançam luz sobre os registros sagrados. – Assim, ele terá lançado as bases para se tornar um crítico bíblico. [...] Ele deve ter lido e digerido os principais argumentos e escritos relativos ao que foi chamado de controvérsia deísta. Assim, ele estará qualificado para se tornar um defensor da fé cristã [...]. Ele deve ser capaz de apoiar as doutrinas da Confissão de Fé e Catecismos, por meio de uma citação pronta, pertinente e abundante de textos escriturísticos para esse fim. Ele deve ter estudado, cuidadosamente e corretamente, Teologia Natural, Didática, Polêmica e Moral. Ele deve ter um conhecimento considerável em História Geral e Cronologia, e um conhecimento particular sobre a história da Igreja Cristã – Assim ele estará solidamente preparado em Teologia Moral, e Divindade (KNOLL, 2001, p. 3-7. Tradução nossa[27]).

---

27 Purposes: Is to form men for the Gospel ministry, who shall truly believe, and cordially love, and therefore endeavor to propagate and defend, in its genuineness, simplicity, and fullness, that system of religious belief and practice which is set forth in the Confession of Faith, Catechisms, and Plan of Government and Discipline of the Presbyterian Church; and thus, to perpetuate and extend the influence of true evangelical piety, and Gospel order. Article IV, Section 1: "Every student, at the close of his course, must have made the following

Novamente o mesmo padrão se repetia: o Seminário de Princeton haveria de ser fundado impulsionado por forte motivação apologética e polemista, tal qual havia se dado com a OP. No *front* interno, Knoll mencionou a ascensão de um unitarista em Harvard e o perigo do excessivo emocionalismo dos avivalismos. O unitarismo, no entanto, viria a ser apenas uma dentre muitas heresias que floresceriam nos EUA do século XIX. Já no *front* externo, a preocupação inicial era com o racionalismo, principalmente na forma do Deísmo. Segundo Noll:

> Os teólogos da Antiga Princeton eram zelosos guardiões das visões calvinistas de preeminência divina na salvação, a unicidade tanto da humanidade na culpa de Adão quanto dos eleitos na obra de Cristo e a incapacidade moral dos seres humanos sem a graça de Deus. Sustentaram essas posições contra o romantismo e o racionalismo europeus, as formas de subjetividade americanas, os excessos do reavivalismo entusiástico, todas as variedades de liberalismo teológico e o perfeccionismo evangélico. Uma das posições reformadas que a escola sustentou

---

attainments, viz., he must be well skilled in the original languages of the Holy Scriptures. He must be able to explain the principal difficulties which arise in the perusal of the Scriptures, either from erroneous translations, apparent inconsistencies, real obscurities, of objections arising from history, reason, or argument. He must be versed in Jewish and Christian antiquities, which serve to explain and illustrate Scripture. He must have an acquaintance with ancient geography, and with oriental customs, which throw light on the sacred records. – Thus, he will have laid the foundation for becoming a sound biblical critic. [...] He must have read and digested the principal arguments and writings relative to what has been called the deistical controversy. Thus, he will be qualified to become a defender of the Christian faith [...] He must be able to support the doctrines of the Confession of Faith and Catechisms, by a ready, pertinent, and abundant quotations of Scripture texts for that purpose. He must have studied, carefully and correctly, Natural, Didactic, Polemic, and Casuistic Theology. He must have a considerable acquaintance with General History and Chronology, and a particular acquaintance with the history of the Christian Church – Thus he will be prepared to become able and sound divine and casuist".

5. O MFP e o Sola Scriptura

mais obstinadamente foi a da infalibilidade da Bíblia. Foi tema central na apologética de Alexander, fundamento essencial na Systematic Theology [Teologia Sistemática] de Charles Hodge, assim como em polêmica que manteve pela *Princeton* Review, e sustentáculo na posição que Warfield defendeu em inúmeros ensaios no final do século XIX. Conhecida monografia sobre "inspiração", feita por Warfileld e A. A. Hodge, em 1881, resumia a posição de Princeton: a crença histórica da Igreja na infalibilidade verbal da Bíblia deveria ser mantida, não somente por causa de comprovação externa do caráter divino das Escrituras, mas também pelo próprio testemunho que a Bíblia dá de si mesma. Os princípios da filosofia escocesa do senso comum ofereceram orientação para os teólogos de Princeton em sua organização do material escriturístico e abordagem à teologia. [...] Os teólogos de Princeton materializaram suas crenças em instituições poderosas. Seu seminário preparou mais ministros do que qualquer outra instituição similar nos Estados Unidos, durante o século XIX. A *Princeton Review* e periódicos que a sucederam foram órgãos de imprensa denominacionais dos mais influentes em todo o país. Sua universidade foi sempre uma força a ser respeitada na denominação, não somente quando suas posições dominaram segmentos significativos da Igreja, mas, até mesmo, quando seus pontos de vista se tornaram uma posição calvinista minoritária. Críticos dos teólogos de Princeton os acusam de racionalismo escolástico e biblicismo mecânico. Embora essas alegações possam conter uma pequena fração da verdade, a grande realidade é que os teólogos da Antiga Princeton foram fiéis representantes do calvinismo histórico, que adotaram sua posição confessional de modo enérgico para poderem atender às necessidades e oportunidades da experiência americana (NOLL, 2009, p. 1035-1036).

A Era de Princeton duraria de 1812 a 1921. Abaixo, Knoll (2001, p. 1035) arrola os quatro principais teólogos da "Dinastia de Princeton" e o número de alunos formados durante suas respectivas gestões.

    a. A. Alexander   1815-1840   1.114
    b. C. Hodge   1841-1878   2.082
    c. A. A. Hodge   1879-1886   440
    d. B. B. Warfield   1887-1920   2.750

Dos quatro, nos ateremos apenas ao segundo, Charles Hodge, o qual desenvolverá sua teologia em perspectiva polêmica com a teologia e a hermenêutica de Schleiermacher.

5.3.1 A Reação de Charles Hodge a Schleiermacher

Charles Hodge (1797-1878) nasceu na Filadélfia e, em 1812, transferiu-se para New Jersey para estudar no Princeton College. Lá, converteu-se ao Evangelho durante um reavivamento, o que o levou a ingressar no recém-fundado Seminário Presbiteriano de Princeton. Muito dedicado aos estudos, tornou-se muito amigo de Archibald Alexander, professor de teologia. Dez anos depois, foi designado professor de Literatura Oriental e Bíblica em Princeton, mesmo ano em que desposou Sarah Bache, bisneta do ex-presidente norte-americano Benjamin Franklin. Em 1840 foi transferido para a cátedra de Teologia Exegética e Didática até que, em 1851, por ocasião da morte de Alexander, foi-lhe acrescentado o magistério de Teologia Polêmica (NOLL, 2009, p. 517,518).

No biênio 1826-1828, Hodge viajou para a Europa para aprimorar seus estudos. Esteve em Paris, Halle e Berlim, onde travou contato pessoal com Friedrich Schleiermacher. Hodge admirava sua teologia da Igreja, assim como reconhecia o seu valor dentro do contexto do cristianismo alemão. De fato, desde seus tempos na Alemanha até o fim de sua vida, Hodge nunca deixou de honrar a piedade e o grande respeito de Schleiermacher por Cristo. O considerava um cristão verdadeiro e amorável. Apenas achou alguns aspectos de sua teologia perigosos para o cristianismo (CHAPMAN, 2013, p. 252, 253). A despeito da admiração e do amor fraternal em Cristo, Hodge permaneceu em sério desacordo com relação a uma série de fundamentos, tanto teológicos, quanto metodológicos propostos por Schleiermacher. Nos deteremos àqueles aspectos que dizem respeito específica e diretamente à doutrina das Escrituras e hermenêutica. Em primeiro lugar, trataremos dos pontos em comum entre as teologias de Hodge e de Schleiermacher para, a seguir, tratarmos das divergências.

Chapman identifica muitas afinidades entre Schleiermacher e Hodge, para muito além dos estereótipos posteriormente construídos a respeito dos dois como absolutamente adversos. Ambos estavam profundamente preocupados tanto com a piedade quanto com a prática cristãs. De certa forma, ambos são fruto do pietismo. Schleiermacher pelo contato direto com os moravianos, e Hodge como "fruto evangelístico" de um dos muitos reavivamentos norte-americanos. Ambos sistematizaram suas teologias tendo em mente a preservação da fé cristã contra ameaças emergentes. Também ambos estavam igualmente preocupados em equilibrar os elementos subjetivos e objetivos em suas Teologias Sistemáticas. Cada um priorizou esses elementos de maneira diferente, mas ambos desejavam mantê-los juntos, em alguma tensão (CHAPMAN, 2013, p. 273).

Quanto à teologia, ambos sustentavam que esta deveria ser sistemática e consistente. Para Schleiermacher, a verdade da teologia era diretamente proporcional à sua consistência, de forma que procurou ser sistemático em suas obras teológicas. Hodge, comungava da mesma visão quanto à importância da sistematização da teologia. Chapman afirma que, com sua *Teologia Sistemática* em três volumes, Hodge praticamente introduziu a noção de teologia sistemática no continente norte-americano. Por fim, ambos compartilhavam temas reformados em suas respectivas teologias, sendo o mais notável destes a noção da soberania de Deus, que ambos defendiam de maneira vigorosa; embora por vias diferentes (CHAPMAN, 2013, p. 274).

Como se pode observar, as afinidades estão na base; na própria motivação producional de ambos. É no modo – e portanto, no método – de defender a fé cristã contra os ataques do racionalismo e de toda a forma de heterodoxia, que se darão as divergências. Para Schleiermacher, a preservação tanto da doutrina quanto da piedade cristãs dos ataques da modernidade, requeria que se preservasse as verdades fundamentais do cristianismo por meio de uma reinterpretação destas mesmas verdades. Sua proposta de uma hermenêutica geral – que teve como ponto de partida a pergunta: "O que, em resumo, significa compreender"? – proporcionou uma significativa inversão quanto ao papel da Bíblia. De agora em diante, ela não era mais "o livro por excelência" e nem a sua leitura serviria mais como paradigma de toda e qualquer leitura. A nova disciplina a engloba e a torna "sua província" (PELLETIER, 2006, p. 57, 58). A linguagem agora está

5. O MFP e o Sola Scriptura

no coração do problema da interpretação já que, por suas características próprias, esta é ao mesmo tempo objetiva e comum a todos que a partilham, e singular; ou seja, marcada pela subjetividade. "Disso resulta que *compreender* termina necessariamente por equivaler a *interpretar*, pois todo ato de compreensão incorpora ao mesmo tempo elementos pertencentes ao objeto – no caso, o texto – mas também elementos procedentes do sujeito que procura reconhecer o sentido do objeto" (PELLETIER, 2006, p. 58).

Ao contrário de Schleiermacher, Hodge procurou defender a OP sem sair das fronteiras por ela mesma delimitadas: somente as Escrituras, e estas, interpretando a si mesmas. Para tal, desenvolveu um método teológico "científico", apoiado na filosofia do Realismo Escocês do Sentido Comum[28].

---

28 SENSO COMUM, FILOSOFIA DO. "Senso comum" é um nome genérico, atribuído a diversas posições filosóficas de anticeticismo, adotadas em resposta ao pensamento de Hume, que enfatizava a importância filosófica das crenças de senso comum (por exemplo, a respeito da existência do eu, do mundo externo, do passado e de outras mentes), assim como ao senso comum como método de resolver disputas filosóficas. De forma menos destacada, o uso do senso comum pode ser considerado como um posicionamento dialético, que consiste em colocar sobre os próprios céticos o ônus da prova do seu ceticismo. A filosofia do senso comum recebeu sua expressão e defesa mais capaz por parte de Thomas Reid (1710-1796), pensador teologicamente "moderado". Mas os princípios básicos da "filosofia escocesa do senso comum" foram adotados por numerosos teólogos evangélicos, particularmente os que receberam influência do Princeton College and Seminary [Universidade e Seminário de Princeton], dos EUA, provavelmente por intermédio do escocês John Witherspoon (1722-1794). Foram esses princípios os propiciadores tanto da base epistemológica quanto ontológica da teologia natural e da ética filosófica dos referidos teólogos. A filosofia do senso comum definhou em virtude de suas próprias dificuldades internas, particularmente pela falta de clareza do critério de senso comum; mas, decerto também, mais especialmente, sob o impacto do idealismo. Tem desfrutado, no entanto, de um reavivamento nos dias atuais, por meio dos trabalhos de G. E. Moore (1873-1958), da linguagem comum usada por filósofos como J. L. Austin (1911-1960) e da epistemologia de R. M. Chisholm (1916-1999). (HELM, 2009, p. 915-916).

Schleiermacher procurou sintetizar a subjetividade da "essência" da religião cristã com a objetividade do desenvolvimento intelectual moderno. Hodge, por sua vez, buscou menos uma síntese do que uma acomodação da ortodoxia calvinista na modernidade. Para tanto, serviu-se das ferramentas e métodos do bom senso que deu origem a esta mesma Modernidade para desenvolver um método teológico que permitisse ao cristão calvinista moderno, uma hermenêutica literalista e "cientificamente" embasada. "Um era um construtor, o outro um crítico; um estava na ofensiva, o outro na defensiva" (CHAPMAN, 2013, p. 281).

Por fim, Chapman descreve Hodge como "muitas vezes propenso a generalizar sobre as opiniões de Schleiermacher". Faltou-lhe, segundo Chapman, uma maior subordinação e aprofundamento no estudo do pensamento de Schleiermacher, de forma que sua perspectiva sobre o teólogo alemão não chegou a ser errada, mas foi menos útil do que poderia ter sido, "obscurecendo em vez de esclarecer a relação da teologia de Schleiermacher com a própria forma particular de pensamento confessional reformado de Hodge" (CHAPMAN, 2013, p. 272). Noll também observa que, a despeito de sua obra continuar sendo a mais eficaz abordagem norte-americana do calvinismo no século XIX, Hodge deixa a desejar quando sua obra é analisada como um todo. Segundo Noll, "Hodge não integra os vários aspectos de seu pensamento tão cuidadosamente quanto se poderia desejar" (NOLL, 2009, p. 519).

5.3.3 A Proposta Hermenêutica de Charles Hodge

Hodge dedica o primeiro capítulo de sua *Teologia Sistemática* à questão do método. Para Hodge, a Teologia é mais do que um conhecimento, ela é uma ciência. Como tal, requer do teólogo o mesmo que as outras ciências requerem dos cientistas, a saber, que se compreenda que, mais do que um mero conhecimento dos fatos, o teólogo deve "abraçar uma exposição da relação interna desses fatos, um para com outro, e cada um para todos. Deve ser capaz de mostrar que, se um é admitido, outros não podem ser negados" (HODGE, 2005, p. 20). Nas palavras de Hodge:

> A Bíblia não é mais um sistema de teologia, do que a natureza é um sistema de química ou de mecânica. Encontramos na natureza os fatos que o químico ou o filósofo mecânico tem que examinar, e deles para determinar as leis pelas quais são determinados. Assim, a Bíblia contém as verdades que o teólogo tem para coletar, autenticar, organizar e exibir em sua relação interna uns com os outros. Isso constitui a diferença entre a teologia bíblica e sistemática. O ofício do primeiro é verificar e declarar os fatos da Escritura. O ofício do último é tomar esses fatos, determinar sua relação uns com os outros e com outras verdades afins, bem como para reivindicá-los e mostrar a sua harmonia e coerência. Esta não é uma tarefa fácil, ou de pouca importância (HODGE, 2005, p. 21).

Decorre daí, naturalmente, a necessidade de que a teologia seja sistematizada. Em primeiro lugar, porque é da própria natureza humana a necessidade de "sistematizar e reconciliar os fatos que ela admite serem verdade".

(HODGE, 2005, p. 21). Em segundo lugar, a sistematização do conhecimento em lugar de sua mera acumulação proporciona um tipo de conhecimento mais elevado. Em terceiro lugar, a sistematização é necessária para que a verdade bíblica possa ser satisfatoriamente exposta, proporcionando ao teólogo as ferramentas intelectuais necessárias para vindicar as objeções de seus detratores (HODGE, 2005, p. 21).

Antes de expor seu método hermenêutico, Hodge introduz brevemente a questão da Metodologia, isto é, a questão da ciência do método, com o propósito de preparar o leitor para sua própria compreensão de qual deva ser o método de se fazer teologia. Segundo Hodge:

> Toda ciência tem seu próprio método, determinado pela sua natureza peculiar. [...] Os dois grandes métodos abrangentes são o *a priori* e o *a posteriori*. No primeiro, a pessoa argumenta da causa para o efeito, no segundo, do efeito para a causa. O primeiro era, por séculos, aplicado até mesmo à investigação da natureza. [...] Cada um sabe quanto custa para estabelecer o método de indução em uma base firme, e para garantir um reconhecimento geral de sua autoridade. De acordo com este método, começamos com a recolha de fatos bem estabelecidos, e deles deduzimos as leis gerais que determinam a sua ocorrência. Do fato de que os corpos caem em direção ao centro da Terra, tem sido inferida a lei geral da Gravidade, que estamos autorizados a aplicar muito além dos limites da experiência real. Este método indutivo é baseado em dois princípios: Primeiro, que existem leis da natureza (forças) que são as causas imediatas dos fenômenos naturais. Em segundo lugar, que essas leis são uniformes; de modo que estamos certos de que as mesmas causas, nas mesmas circunstâncias, produzirão os mesmos efeitos. Pode haver diversidade de opinião quanto à natureza dessas leis. Podem ser assumidas como

forças inerentes à matéria; ou, podem ser considerados como modos uniformes de operação divina; mas em todo caso deve haver alguma causa para os fenômenos que percebemos ao nosso redor, e essa causa deve ser uniforme e permanente. Com base nesses princípios, todas as ciências indutivas são fundadas; E por eles as investigações de filósofos naturais são guiadas (HODGE, 2005, p. 21).

Se "todas as ciências indutivas são fundadas", não há, para Hodge, distinção entre a investigação científica metafísica e a física: "A mente tem suas leis, assim como a matéria, e essas leis embora de um tipo diferente, são tão permanentes quando as do mundo externo" (HODGE, 2005, p. 22). Após breve apresentação de três classes gerais de métodos que Hodge considerou como os que mais prevaleceram ao longo da História da Igreja, a saber, o Especulativo, o Místico e o Indutivo, Hodge explica sua escolha pelo método Indutivo em sua *Teologia Sistemática*, por sua concordância em essencial com este método quando aplicado às ciências naturais.

Segundo Hodge, desde que o observador esteja em pleno exercício de suas funções sensoriais, os fatos da natureza podem ser naturalmente apreendidos. Em seguida, ele deve apoiar-se em sua razão e nas múltiplas faculdades a ela inerentes, tais como as capacidades de perceber, comparar, combinar, lembrar, inferir. Alicerçado em sua razão, o investigador científico deve confiar "que todo efeito deve ter uma causa; que a mesma causa em circunstâncias semelhantes, produzirá efeitos semelhantes; que uma causa não é um mero antecedente uniforme, mas aquilo que contém dentro de si a razão pela qual o efeito ocorre" (HODGE, 2005, p. 26).

A partir destas evidências internas e externas, o observador passa a coletar fatos. Ele não pretende fabricar, nem presumir modificá-los, mas deve tomá-los como eles são. Desde que tenha o cuidado de "ter certeza de que são reais, de ter todos eles, ou pelo menos de tudo o que é necessário para justificar qualquer inferência que possa tirar deles, ou qualquer teoria que ele possa construir sobre eles" (HODGE, 2005, p. 26). Por fim, após determinar e classificar os fatos, "deve-se observar que essas leis ou princípios gerais não derivam da mente e são atribuídos a objetos externos, mas derivados ou deduzidos dos objetos e impressos na mente" (HODGE, 2005, p. 26).

Isto posto, Hodge explica a razão pela qual crê que que o Método Indutivo deve ser aplicado à teologia:

> A Bíblia é para o teólogo o que a natureza é para o homem da ciência. É a sua loja de fatos; e seu método de averiguar o que a Bíblia ensina, é o mesmo que o filósofo natural adota para determinar o que a natureza ensina. Em primeiro lugar, ele vem à sua tarefa com todas as suposições acima mencionadas. Ele deve assumir a validade das leis de crença que Deus imprimiu em nossa natureza. Nestas leis estão incluídas algumas que não têm aplicação direta para as ciências naturais. Tal, por exemplo, como a distinção essencial entre o certo e o errado; que nada contrário à virtude pode ser ordenado por Deus; que não pode ser correto fazer o mal para que o bem venha; que o pecado merece punição e outras primeiras verdades semelhantes, que Deus implantou na constituição de todos os seres morais, e que nenhuma revelação objetiva pode contradizer. Estes primeiros princípios, no entanto, não devem ser assumidos arbitrariamente. Nenhum homem tem o direito de dar suas próprias opiniões, por mais firmes que sejam, e chamá-las de "primeiras verdades da razão", e fazer delas a fonte ou o teste das doutrinas cristãs. Nada pode ser legitimamente incluído na categoria de primeiras verdades,

ou leis de crença, que não podem suportar os testes de universalidade e necessidade, aos quais muitos adicionam auto evidência. Mas a auto evidência está incluída na universalidade e na necessidade, na medida em que nada que não seja auto evidente pode ser universalmente crido, e o que é auto evidente se impõe na mente de toda criatura inteligente (HODGE, 2005, p. 26-27).

Resta então ao teólogo recolher, organizar e harmonizar os fatos, e esses fatos estão todos na Bíblia, a qual, por sua vez, não só os contém como também os autentica. Nas palavras de Hodge: "Pode-se admitir que as verdades que o teólogo tem que reduzir a uma ciência, [...] são revelados em parte nas obras externas de Deus, em parte na constituição de nossa natureza, e em parte na experiência religiosa dos crentes" (HODGE, 2005, p. 27). Destas três, a mais importante é a Bíblia, por seu caráter normativo "para toda a experiência religiosa genuína" (HODGE, 2005, p. 27). A Bíblia não somente ensina a verdade, como também ensina os efeitos desta verdade no coração e na consciência do homem, quando estes são aplicados com poder salvífico pelo Espírito Santo (HODGE, 2005, p. 27).

O Método Indutivo, tal qual concebido por Charles Hodge, apoia-se, de um lado, na antiga tradição teológica platônico/agostiana do *a priori*, conforme mencionado pelo próprio acima. Esta é a tradição à qual pertencem Calvino e Lutero. Sobre esta base, outros dois pilares foram erigidos por Hodge: a concepção Turretiniana das Escrituras, sobre a qual Hodge pôde afirmar a inerrância da Bíblia como Palavra de Deus, e a filosofia do Senso Comum de Reid, sobre a qual Hodge baseou sua concepção da relação entre o teólogo e a Bíblia.

Quanto à filosofia do Senso Comum, Hodge agregou-a à sua teologia calvinista ortodoxa com o intuito de, entre outras coisas, ser capaz de contradizer Schleiermacher e a proposta da moderna teologia protestante que surgia, baseando-se em três proposições que se tornaram importantes para a reflexão teológica não só de Hodge, mas dos princetonianos posteriores: que "a verdade é universal em todos os temos e lugares, logo não há uma verdade para a ciência e outra para a teologia; a linguagem é capaz de expressar o mundo real, logo ele é transmissível a qualquer pessoa; a memória é capaz de conhecer objetivamente o passado, logo a revelação pode ser objeto de conhecimento real" (MENDONÇA, 1996, p. 125). Estavam lançadas, pois, as bases teológicas, hermenêuticas e epistemológicas para o fundamentalismo protestante.

Até aqui abordamos a influência do puritanismo na formação da religiosidade e do espírito da nação norte-americana, e alguns aspectos gerais do caldeirão religioso daquela nação: o avivalismo, a evolução do SS para o NS e o dispensacionalismo. Em seguida, analisamos a influência do movimento pietista e sua reação ao dogmatismo da ortodoxia protestante com seus desdobramentos tanto no "protestantismo popular", quanto no protestantismo culto das academias alemãs. Esta abordagem foi necessária para compreender a teologia e a hermenêutica universal proposta por Scheleirmacher e a reação de Hodge, que tornou-se a própria filosofia do Seminário de Princeton. A seguir, buscaremos demonstrar como todos estes elementos se aglutinaram para formar um poderoso MR: o MFP.

5.4 O Movimento Fundamentalista Protestante e o *Sola Scriptura*

No início do terceiro capítulo citamos Mendonça, o qual viu a RP como fruto do humanismo do século XIV. De fato, à parte de todo aquele desenvolvimento interno da hermenêutica cristã que, como vimos, dentro do próprio catolicismo, demandou uma volta às Escrituras, os reformadores magisteriais – principalmente Calvino –, apoiaram-se, e muito, nos avanços da filologia e da nascente crítica textual. Este "casamento" entre o desejo de reformar a Igreja e o 'providencial' suporte de um racionalismo emergente mostrou-se, a princípio, muito benéfico à fé protestante, muito embora jamais totalmente isento de tensões.

Entre os séculos XVIII e XIX, a ciência desenvolveu-se num ritmo vertiginoso, como nunca antes havia sido registrado na história da humanidade. Neste processo, aquele racionalismo e aquela mesma crítica textual que outrora haviam servido de apoio para o princípio do SS, evoluíram de tal maneira, que não somente deixaram de sustentá-lo, como passaram a questioná-lo, e contradizê-lo. Em todas as áreas do conhecimento humano, a Bíblia foi tendo sua autoridade cada vez mais contestada. Segundo Lima:

> O progresso das ciências naturais levou, na segunda metade do século XIX, a uma crise cultural e religiosa. As investigações sobre a formação do planeta, do aparecimento da vida e a origem e evolução das espécies, de um lado, e a formulação de teorias sociológicas, de outro, bem como as descobertas arqueológicas (resquícios monumentais, objetos e escritos antigos) e uma nova impostação da história como ciência desenvolveram-

se num clima marcado pelo materialismo e ateísmo, em oposição mais ou menos explícita à fé. Apresentando-se seus dados como indiscutíveis e em confronto com os relatos bíblicos, parecia-se pôr em questão a veracidade e a plausibilidade da palavra bíblica, fazendo emergir numerosos problemas para os fiéis. As descobertas sobre a formação da Terra, por exemplo, colocavam em questão a cronologia baseada em Gênesis; a teoria evolucionista era posta como alternativa aos relatos bíblicos da criação. No campo da sociologia, desenvolveu-se a teoria de uma evolução social progressiva que entrava em confronto com a ideia de pecado original. O maior conhecimento da história antiga e das línguas e literatura do Antigo Oriente Próximo levou ao desenvolvimento da crítica textual e da análise literária dos textos bíblicos, com a formulação paulatina das diversas etapas do chamado método crítico[29].

---

29 "O método histórico-crítico é um método de interpretação das Escrituras Sagradas que pressupõe a libertação de premissas dogmáticas e que adota a razão como principal critério de avaliação do texto bíblico. Ele nasce do Iluminismo e dos primeiros traços do que, posteriormente, será chamado teologia liberal protestante (XAVIER, 2012, p. 1,2). Entre os protestantes, ironicamente, será Jean A. Turretini (1671-1737), filho de François Turretini quem, em seu Tratado sobre o método de interpretação da Sagrada Escritura, proporá o princípio de que a Bíblia deve ser interpretada como se interpreta qualquer outro livro, sendo a razão humana o critério de avaliação. Influenciado por Jean Turretini, Johann A. Ernesti (1707-1781), teólogo e filólogo alemão, proporá hermenêuticas distintas para o AT e para o NT. Mas o "pai" do método histórico-crítico é Johann S. Semler (1725-1791). Sua proposta hermenêutica foi mais radical por implicar (o que nem J. Turretini nem Ernesti haviam proposto) em um total rompimento com a tutela da tradição ortodoxa". Semler também fará a importantíssima distinção entre Bíblia e Palavra de Deus. (XAVIER, 2012, p. 11). Entre os católicos, o teólogo e filósofo Baruch Spinoza (1632-1677) com sua obra *Tratado Teológico-Político*, será considerado o fundador do criticismo bíblico moderno, ao apresentar um método original de interpretação dos textos sagrados que consistia na interpretação da Escritura por si mesma (FERREIRA, 2012). Na referida obra, seu método é devidamente exposto mais acuradamente. O método histórico-crítico, *grosso modo*, consiste no uso de instrumentos científicos que possam ajudar a interpretar o texto bíblico, visando superar a distância histórica, cultural, social e intencional dos autores bíblicos, os quais, agora, são considerados não como amanuenses do Espírito Santo, mas como homens, circunscritos a um *sitz em leben* (contexto vital) específico. Suas

O conhecimento de textos extra bíblicos aparentados aos relatos da Escritura levou a relativizar o conceito de revelação e inspiração. Pôs também em questão, em grande escala, a historicidade e veracidade dos relatos do Antigo e do Novo Testamento e, com isto, a autoridade da Escritura (LIMA, 2009, p. 333).

Na verdade, tanto o liberalismo teológico quanto o fundamentalismo foram respostas à modernidade (OLSON, 2001, p. 547). Nos EUA, de matriz religiosa fortemente puritana e calvinista, a introdução do liberalismo teológico causará profundas e traumáticas divisões. Em primeiro lugar, faremos um breve resumo do que levou ao surgimento do liberalismo teológico – também conhecido como 'liberalismo alemão'–, seus métodos hermenêuticos para, em seguida, analisaremos o efeito desta escola no meio evangélico norte--americano.

5.4.1 O Liberalismo Teológico e sua Recepção no meio Evangelical Norte-Americano

A proposta de Schleiermacher de uma hermenêutica universal abriu as portas para o desenvolvimento de toda uma escola teológica. Os novos pressupostos teológicos estabelecidos por ele haviam reinterpretado as doutrinas fundamentais do cristianismo a partir de um ponto de vista antropológico (HARRIS, 2009, p. 611). Na vanguarda deste movimento encontrava-se a Universidade de Tübingen, Alemanha. Partindo de uma perspectiva teológica e histórica

principais ferramentas são: a crítica textual, a análise linguística – que inclui análise dos gêneros literários e a crítica redacional – e a crítica histórica.

não mais sobrenatural, os teólogos liberais buscaram rever a história do cristianismo, seus principais dogmas, a busca pela historicidade dos livros do NT pela autenticidade de seus autógrafos, e a datação dos escritos. Segundo Harris:

> O primeiro desafio sério à autenticidade dos escritos do NT foi de D. F. Strauss (1808-1874) em sua obra Vida de Jesus, de 1835. Com esse livro, Strauss proclamava que os elementos sobrenaturais da história do Evangelho eram um mito não histórico. Nesse mesmo ano, apareceu o comentário de Peter von Bohlen (1796-1840) sobre o Gênesis e a obra de Wilhelm Vatke (1806-1882), *Biblischen Theologie* [teologia bíblica], ambos demonstrando que a abordagem não sobrenatural de Strauss poderia também ser aplicada ao AT. Essas obras causaram um dilúvio de literatura abordando a Bíblia e sua confiabilidade [...]. Os evangelhos foram todos considerados como produções do século II de nossa era e, exceto por Romanos, 1 e 2 Coríntios, Gálatas e Apocalipse, nenhum livro do NT, para Tübingen, era autêntico. No que diz respeito ao AT, surgiu a teoria documentária, pela qual o Pentateuco foi dividido em pelo menos quatro diferentes fontes ou documentos, que se acreditava terem se originado em épocas diferentes, diversos séculos depois de Moisés. Essa hipótese foi plenamente desenvolvida por Karl Heinrich Graf (1815-1869), Abraham Kuenen (1828-1891) e Julius Wellhausen (1844-1918), que a trouxe à sua posição dominante no final do século XIX [...] Tal como exatamente a Escola de Tübingen havia colocado os livros do NT sob a perspectiva histórica de Baur, assim também os estudiosos do AT enquadraram a literatura de Israel nesse esquema evolucionista de religião, determinando a data e a procedência de cada parte e cada seção conforme sua "tendência" melhor se encaixasse em uma estrutura histórica e religiosa predeterminada. À obra de Strauss,

seguiu-se uma série de outras obras do mesmo gênero, cada qual advogando uma interpretação própria, do autor, da vida de Jesus: a descrição racionalista (1855) de G. H. A. von Ewald (1803-1875); a monótona narrativa de três volumes (1867-1872) de K. T. Keim (1825-1878); uma Nova Vida de Jesus de Strauss (1864); e o ornamento sentimental (1863) de J. E. Renan (1823-1892) — para mencionar apenas as mais lidas. Por volta da década de 1880, esses livros e uma gama de obras menores estavam sendo avidamente traduzidas para o inglês, sendo por isso primordialmente essa erudição considerada como liberalismo na Grã-Bretanha [...]. Foi o liberalismo dessa escola que determinou em grande parte a teologia não ortodoxa até a Primeira Guerra Mundial (HARRIS, 2009, p. 611-614).

Segundo Lima, os pontos centrais do liberalismo teológico são:

- a pressuposição de que a religião deve adaptar-se aos novos tempos, à nova mentalidade forjada pelo iluminismo racionalista e pelos progressos das ciências naturais e da história;
- diante da pluralidade de visões que estes novos dados implicam, nenhuma religião pode pretender exclusividade;
- como consequência, os sistemas religiosos devem ser tolerantes, aceitando e assumindo os progressos atuais e abrindo espaço para outras crenças ou para o agnosticismo e o ateísmo;
- a tolerância tem como consequência uma menor exigência doutrinal e moral (que traz em si a tendência ao relativismo);
- na perspectiva da leitura bíblica, não considera seu caráter sobrenatural e inspirado, mas a tem como simples documento cujo teor é determinado por uma história e cultura precisas; deixa de lado também qualquer relação da Escritura com a tradição eclesial (sejam as verdades

doutrinárias tradicionais das igrejas oriundas da reforma, seja a Tradição viva, no caso da Igreja Católica);

– a leitura bíblica deve ser feita unicamente por um acurado trabalho de investigação histórica e filológica (o chamado método histórico-crítico);

– na perspectiva teológica, acentuou a experiência interna da fé em detrimento de um conteúdo objetivo da mesma. Chegou assim à tese da incapacidade real de uma formulação de fé expressar a realidade de seu objeto (Deus), não podendo, portanto, veicular um dado objetivo, do que decorre a concepção de um processo puramente humano da evolução do dogma, inclusive desligado da mensagem e da pessoa de Jesus Cristo (LIMA, 2009, p. 8).

Por outro lado, ao se distanciarem do elemento místico e buscarem demonstrar que a teologia era uma ciência capaz de atrair o homem moderno por aquele ontológico senso comum da realidade, os princetonianos se colocavam naquela "predisposição racionalista do mundo moderno [que] impedia que muitos cristãos ocidentais compreendessem o papel e o valor do mito. A fé tinha de ser racional, o *mythos* tinha de ser *logos*" (ARMSTRONG, 2001, p. 170). Ainda segundo Armstrong:

> Temia-se que essas novas teorias bíblicas destruíssem a estrutura básica do cristianismo e acabassem não deixando pedra sobre pedra. [...] "Se não possuímos nenhum padrão infalível, talvez não tenhamos padrão nenhum", ponderou Alexander McAlister, pastor metodista americano. "Se refutamos um milagre, a coerência nos obriga a refutar todos. Se Jonas não passou realmente três dias no ventre da baleia, Cristo realmente se levantou do túmulo"?, perguntou o pastor luterano James Remensnyder. Uma vez desemaranhada a verdade bíblica, todos os valores

descendentes desapareceriam. Para o pregador metodista Leander W. Mitchel a crítica superior era responsável pela propagação do alcoolismo, da infidelidade e do agnosticismo. O presbiteriano M. B. Lambdin atribuía-lhe o número crescente de divórcios, bem como o aumento do suborno, da corrupção e da criminalidade. A crítica superior não se prestava mais à discussão racional, pois evocava medos fundamentais (ARMSTRONG, 2001, p, 170-171).

Esta incapacidade de distinguir entre *mythos* e *logos* comprova as recorrentes aspas que muitos autores (não fundamentalistas; naturalmente) usam ao referirem-se à suposta cientificidade do método de Hodge. Seu método, na verdade, aprisiona o intelecto. "Há desespero na teologia de Princeton. 'A religião tem de lutar por sua existência contra uma vasta classe de cientistas', Charles Hodge proclamou em 1874" (HODGE *apud* ARMSTRONG, 2001, p. 168).

Na primeira metade do século XIX, o debate entre ortodoxia e liberalismo ficaria restrito ao mundo acadêmico; mas na metade seguinte, a discussão chegaria às igrejas, ameaçando dividir as denominações evangélicas. No pano de fundo social havia um cenário "apocalíptico", principalmente nos estados do Norte. O trágico evento da Guerra de Secessão e a rápida industrialização destes estados promoveram um desordenado crescimento das grandes cidades. Enquanto capitalistas amealhavam imensas fortunas, a classe trabalhadora – formada por novas levas de imigrantes do sul e do leste europeus – vivia em condições miseráveis. Dá-se então que a concepção otimista do pós-milenarismo preconizada pelo liberalismo teológico contrastava com a realidade caótica, multirracial e multicultural das novas metrópoles. E é neste cenário que a escatologia pré-milenarista[30] e dispensacionalista de John Nelson Darby será acolhida no seio do evangelicalismo norte-americano. O responsável pelo acolhimento do milenarismo nos EUA será o teólogo e pastor congregacional Cyrus Scofield, que transformará o milenarismo em chave hermenêutica da Bíblia.

Estava configurado o cenário para "a tempestade perfeita"; aquele momento em que todos os elementos acima citados se aglutinaram dando origem a um movimento concreto. O dispensacionalismo virá a ser o elemento catalisador do MFP que terá início, formalmente, com as Conferências de Niagara Falls.

5.4.2 As Conferências de Niagara Falls

Entre 1883 e 1895, os teólogos conservadores estadunidenses realizaram uma série de conferências em Niagara Falls. Sua preocupação era eminentemente teológica e pastoral. Eles sentiram necessidade de juntar forças em um movimento interdenominacional que fosse capaz de arregimentar os melhores teólogos das denominações evangélicas conservadoras, afim de fazer frente ao liberalismo teológico, já presente em grandes universidades e instituições de ensino

---

30 Segundo Pace; Stefani, "o milenarismo, ao longo da história do cristianismo, conheceu vicissitudes alternadas quer na Idade Média quer na época Moderna. Num período mais recente – no século XIX – o milenarismo refloresceu em movimentos como os adventistas, os mórmons e as Testemunhas de Jeová. O teólogo protestante Cyrus Scofield demonstrou a possibilidade de interpretar a mensagem bíblica, na sua totalidade, em chave milenarista. A influência do seu pensamento foi notável entre os participantes das conferências anuais de Niagara Falls (desde a primeira que se realizou até à de 1895)". (PACE; STEFANI, 2002, p. 29-30).

teológico daquele país. Na última conferência, em 1895, um documento foi redigido contendo os principais pontos do que pode ser considerado "a certidão de nascimento do fundamentalismo protestante" (PACE; STEFANI, 2002, p. 28). Os principais são cinco, a saber:

a) A absoluta inerrância do texto sagrado;
b) A reafirmação da divindade de Cristo;
c) O fato de que Cristo nasceu de uma virgem;
d) A redenção universal garantida pela morte e ressurreição de Cristo;
e) Ressurreição da carne e a certeza da segunda vinda de Cristo.

Ainda segundo Pace; Stefani:

> Como se pode observar, o primeiro ponto constitui, na verdade, o critério supremo – a grande norma hermenêutica – que permite distinguir a atitude religiosa de tipo fundamentalista de outras atitudes mais abertas à utilização do método histórico-crítico na exegese bíblica. Para os teólogos fundamentalistas do manifesto de Niagara Falls, a aplicação do método histórico-crítico implicava graves riscos teológicos: colocava em causa verdades consolidadas e, na tentativa de comparar a revelação cristã com outras religiões coevas ou mais antigas, redimensionava, ou pior ainda, revogava dogmas centrais, como, por exemplo, o dogma da virgindade de Maria, ou por fim, acabava por apresentar a figura divina de Cristo segundo formas demasiado humanas. [...] A declaração da integral inerrância do texto sagrado também significava, para o mundo protestante, a afirmação da existência de uma autoridade incontroversa: a Bíblia. O livro sagrado, deste modo, deixava de ser um livro aberto – em relação ao qual o crente se coloca na disposição de compreender

a relevância da Palavra "aqui e agora" – para passar a ser uma instituição perene, um corpo de doutrinas imutáveis que o ser humano não pode interpretar sem se confrontar continuamente com o problema da verdade incontroversa contida no próprio texto sagrado (PACE; STEFANI, 2002, p. 28-29).

O que deu projeção nacional e internacional ao movimento foi a publicação, em 1909, de uma série de doze volumes intitulados *The Fundamentals – a Testemony of Faith*. Eles foram financiados pelos magnatas do petróleo da Califórnia, os irmãos Lyman e Milton Stewart. Três milhões de volumes foram distribuídos gratuitamente a pastores, missionários, professores de escola dominical e obreiros em todo o mundo de fala inglesa. (WIERSBE, 2005, p. 13). As fontes fundamentalistas sempre se referem aos irmãos Stewart como sendo cristãos sinceros e piedosos, que colaboraram de forma altruísta para a causa do fundamentalismo. Há, no entanto, estudos mais críticos, que identificam outros interesses por parte dos magnatas do petróleo. É o caso de Pietsch, que afirma que:

> Uma análise de Lyman Stewart, explorador de petróleo da Califórnia e patrono do fundamentalismo americano primitivo, revela muito sobre as transformações mútuas da religião americana e do capitalismo no início do século XX. Como expositor do moralismo vitoriano e do Progressismo californiano, como missionário do fundamentalismo dispensacionalista e como líder na extração industrial, Stewart aplicou a lógicas da religião sobrenatural à sua especulação petrolífera e as lógicas do capitalismo industrial ao seu trabalho religioso. Como um dos principais arquitetos das aspirações fundamentalistas do século XX, Stewart perseguiu duplos objetivos. Por um

lado, ele lutou pelo império e pela custódia cultural; por outro lado, defendeu a pureza e o separatismo cultural. Não foram as crenças teológicas ou eclesiológicas que produziram esse duplo objetivo, mas a mercantilização do trabalho religioso. À medida que o petróleo se transformava em capital religioso, o trabalho religioso – particularmente os pastorados, o trabalho missionário e a educação teológica – tornaram-se mercadorias que podiam ser compradas e vendidas, regulamentadas e avaliadas em termos de pureza e produção (PIETSCH, 2013, p. 617. Tradução nossa[31]).

A coletânea reúne 64 artigos das diversas denominações evangélicas do mundo de fala inglesa. Dos quase cinquenta escritores, 22 são presbiterianos e congregacionais – ou seja, reformados que se distinguem apenas pela forma de governo da Igreja. Além destes, há 6 autores de Princeton. Anglicanos e Episcopais contribuem com 7 autores, batistas com 8 e metodistas com 1. Há ainda artigos escritos por leigos. Chama a atenção, naturalmente, a grande maioria de presbiterianos.

Tomaremos como exemplo o artigo do Prof. James Orr, (D.D.), da Faculdade da Igreja Livre Unida, Glasgow, Escó-

---

31 An analysis of Lyman Stewart, California oilman and patron of early American fundamentalism, reveals much about the mutual transformations of American religion and capitalism in the early twentieth century. As an expositor of Victorian moralism and California Progressivism, as a missionary for dispensational fundamentalism, and a leader in industrial extraction, Stewart applied the logics of supernatural religion to his oil speculation and the logics of industrial capitalism to his religious work. As one of the chief architects of twentieth-century fundamentalist aspirations, Stewart pursued dueling objectives. On the one hand, he fought for empire and cultural custodianship; on the other hand, he argued for purity and cultural separatism. It was not theological or ecclesiological beliefs that produced this dual aim, but the commodification of religious work. As oil became transmuted into religious capital, religious work—particularly pastorates, missionary work, and theological education—became commodities that could be bought and sold, regulated, and appraised in terms of both purity and production.

cia, intitulado "As primeiras narrativas do Gênesis". A escolha recaiu sobre este artigo particularmente pelo fato de que as narrativas do livro do Gênesis – principalmente seus 11 primeiros capítulos – estiveram talvez entre os textos mais contestados pelos descobrimentos da ciência moderna. Vale lembrar que, conforme citado no terceiro capítulo, Calvino, ao comentar os dois primeiros capítulos do Gênesis, já lidava com as dificuldades impostas pelas descobertas científicas de seu tempo. Do século XVI ao século XIX, o desafio de uma conciliação entre a narrativa bíblica e as descobertas da ciência moderna haviam aumentado muito mais ainda. Por esta razão, este artigo do Dr. Orr, aqui abordado, torna-se emblemático.

Orr limitou suas considerações aos onze primeiros capítulos do Gênesis. Dentre outras proposições que Orr pretendia refutar estavam: as descobertas arqueológicas sobre a Babilônia, que haviam levado os estudiosos da Bíblia a comparar o relato do Gênesis ao *Enuma Elish*[32], o mito da criação babilônico e a tese da alta crítica de que as grandes ideias que constituem o material narrativo destes capítulos não estavam originalmente ali, mas que foram "inseridas posteriormente pelos profetas para que as antigas lendas tivessem utilidade religiosa" (ORR, 2005, p. 83-84).

---

32   "O *Enuma Elish* [...] é uma história escrita pela primeira vez pelos antigos sumérios há milhares de anos. Ao longo dos séculos, uma cópia terminou na biblioteca de Nínive, no século VII a.C, e foi descoberta por arqueólogos no final dos anos 1800. Escrito em texto cuneiforme e preservado em sete tábuas de argila, toda a história era chamada 'As sete tábuas da criação'. Depois de ser traduzida, a história revelou como os planetas deveriam ser alinhados, como a catástrofe cósmica afetou a Terra, como a humanidade entrou em cena e como os 'deuses' desempenharam um papel em tudo isso. (TICE, 1999 – tradução nossa). Os teólogos liberais perceberam semelhanças entre as narrativas babilônica e hebraica, sugerindo que a narrativa babilônica fosse mais antiga do que a narrativa do Gênesis a qual, por fim, teria sofrido influência da primeira.

Sua argumentação teológica quanto à função destes primeiros capítulos é correta, no sentido de demonstrar (assim como Calvino o fizera nas Institutas, quando começara sua obra tratando da doutrina da Criação), que "o interesse da religião na doutrina da criação é que ela é nossa garantia para a dependência de todas as coisas em Deus, a base de nossa segurança para que tudo na natureza e na providência esteja à sua disposição" (ORR, 2005, p. 82). Entretanto, é na forma de sua contra-argumentação que se evidencia claramente o uso do método desenvolvido por Hodge.

Quanto às diversas teorias decorrentes da literatura comparada entre as narrativas criacionais babilônica e hebraica, assim como suas características mitológicas e não realmente históricas, Orr objeta:

> Observemos agora as histórias da criação, do Paraíso e do dilúvio. Alguns relatos cuneiformes têm uma remota semelhança com a história do Paraíso e da Queda. Por outro lado, as bibliotecas da Mesopotâmia proporcionaram versões da história do dilúvio. A narrativa babilônica do dilúvio, como a história da criação, é adulterada, politeísta e mítica, possuindo pouca semelhança ao relato do Gênesis. Será que os israelitas pegaram emprestado a narrativa dessas fontes? O contraste em relação ao espírito e à natureza entre os relatos proibiria qualquer derivação deste tipo. A forma adulterada poderia, possivelmente, provir da corrupção da narrativa mais elevada, e não o contrário. A relação é unicamente de parentesco, e não de derivação. Essas tradições provem de uma fonte mais antiga, e são preservadas pelos hebreus em sua forma mais pura (ORR, 2005, p. 85).

A afirmação de Orr de que "o espírito e a natureza entre os relatos proibiria qualquer derivação desse tipo" remete às teorias de Turretini e Hodge de que a Bíblia era um livro sagrado e que não deveria ser submetido ao escrutínio científico. Ao contrário, deveria ser a Bíblia a intérprete do homem. Pois eis aí o resultado desta concepção hermenêutica de Hodge de que não há distinção entre a investigação científica metafísica e a física. Aplicada à teologia, sua proposição de que as leis da mente são, ainda que um pouco diferentes, tão permanentes como as do mundo externo, não passam de cientificismo, não conseguindo realmente estabelecer um diálogo com a crítica apresentada porque nem a considera como válida, epistemologicamente falando. Orr, na verdade, cita a Bíblia para defender a Bíblia.

Quanto à tese da alta crítica de que as grandes ideias que constituem o material narrativo destes capítulos teriam sido inseridas posteriormente pelos profetas, Orr objeta:

> Há um ditado que diz que: "tudo pode ser pego com as duas mãos", e isto é verdade com relação a essas histórias antigas. Aborde-as de um certo modo, e elas serão um amontoado de fábulas, lendas e mitos sem qualquer base histórica. Assim, esses mitos podem ser tratados de um modo que Caim seja composto originalmente por três figuras distintas, que foram misturadas; Noé por outras três, e assim por diante. Aborde essas narrativas de um outro modo, e elas serão as mais antigas e as mais preciosas tradições de nossa raça, dignas em seus méritos intrínsecos de estar onde estão, ou seja, no começo da Palavra de Deus, e capazes de manter seu direito de estar lá; não são um simples veículo de grandes ideias, mas apresentam, por meio de seu próprio modo antigo, a memória das grandes verdades históricas. A história da Queda, por exemplo, não é um mito, mas inclui a estarrecedora memória de uma catástrofe moral real que aconteceu no começo de nossa

raça e que trouxe maldição e morte ao mundo (ORR, 2005, p. 84).

Ao reduzir a questão a uma mera forma de abordagem, quase como a um "assim é, se lhe parece", Orr reduz à qualidade de mera opinião as muitas teorias construídas a partir de um método científico, a saber, o método histórico-crítico. Não nos cabe neste trabalho emitir juízo de valor sobre as teorias citadas acima, mas observar que o que foi levantado como teoria científica pretendeu ser refutado com base em um apelo ao senso comum e a uma lógica que só encontram razoabilidade nos sistemas teológicos e nas leituras dogmáticas da Bíblia.

Novamente o mesmo padrão se repete. Os fundamentalistas estabelecem com liberais um "diálogo de surdos". Enquanto os liberais buscam apresentar um cristianismo cartesiano (ao qual, repito, não pretendemos aqui nem refutar nem corroborar), os fundamentalistas por sua vez, agarram-se desesperadamente aos "fundamentos" de sua fé. Naturalmente, não se tratava – como não se trata até hoje – de uma síntese fácil de ser feita. Somente na terceira década do século XX um teólogo reformado de nome Karl Barth virá a propor uma síntese entre fundamentalismo e liberalismo por meio da teologia dialética, a qual ficará conhecida como neo-Ortodoxia.

Após refutar outros pontos "atacados" pelos teólogos liberais ao longo dos onze capítulos, Orr conclui seu artigo da seguinte maneira:

> Concluindo, fica claro que as narrativas da criação, ou seja, a Queda, o dilúvio, etc. não são mitos, mas são narrativas que contém o conhecimento ou memória de transcursos

reais. A criação do mundo certamente não foi um mito, mas um fato, e a representação dos diferentes atos criativos tratam igualmente de fatos. A linguagem usada não era a da ciência moderna, mas sob a liderança divina o escritor sagrado dá um quadro amplo e geral que transmite uma ideia verdadeira da ordem da obra divina da criação. A queda do homem foi também um fato grandioso com consequências universais de pecado e morte para a raça humana. A origem do homem só pode ser explicada por intermédio de um exercício da atividade criativa direta[33]. O dilúvio foi um fato histórico, e a preservação de Noé e sua família, dentre as tradições humanas, é um dos fatos mais bem e mais amplamente comprovados. Nessas narrativas do Gênesis e dos fatos que elas abrangem, os fundamentos de tudo que há na Bíblia foram realmente lançados. A unidade da revelação liga esses fatos com o evangelho cristão (ORR, 2005, p. 86-87).

O artigo de Orr é, como já dissemos acima, emblemático de como o princípio do SS havia sido estreitado ao longo de três séculos. Que diferença entre a vivacidade intelectual vanguardista de Calvino e a morbidez de uma "teologia de trincheira" como a de Orr! Outrossim, é importante salientar que, ao contrário do que possa parecer, o MFP não foi um movimento de leigos ou iletrados. Embora houvesse uns poucos autodidatas como L. W. Munhall, evangelista meto-

---

[33] Ao afirmar que "a origem do homem só pode ser explicada por intermédio de um exercício da atividade criativa direta", Orr tinha em mente a teoria da Evolução das Espécies, do biólogo inglês Charles Darwin. Como se não bastasse os "inimigos internos" que eram os teólogos liberais, os cientistas – agora realmente livres pensadores – eram vistos, como no caso de Darwin, como "inimigos externos", cujas teorias também precisavam ser refutadas. A Teoria da Evolução das Espécies de Darwin virá inclusive a ser o elemento que provocará uma evolução do fundamentalismo para o neo-fundamentalismo, por ocasião do *Scopes Trial*, em 1925. Por hora, Orr não está preocupado com as implicações sociais mas, sim, com as implicações teológicas e pastorais deste ensino nas instituições de ensino evangélicas.

dista, havia principalmente homens cultos e muito bem preparados, como Howard Crosby, Chanceler da Universidade da Cidade de Nova York ou o Bispo Anglicano Handley C. G. Moule, com 3 graduações em Cambridge, Mestrado e Doutorado. (TORREY, 2005, p. 165, 439, 459). Estes, aliás, eram a maioria. Somente após o *Scopes Trial*[34] (Julgamento de Scopes) e o advento do neofundamentalismo[35] é que o movimento adquirirá contornos anti-modernistas e anti-intelectuais. O que explicaria então tamanha estreiteza de pensamento? Segundo Armstrong:

> O cristianismo científico desenvolvido em Princeton peca pela ambivalência. Hodge tentou refrear a razão como os velhos conservadores, recusando-lhe a liberdade característica da modernidade. No entanto, ao reduzir toda a verdade mítica ao nível de *logos*, contrariou a espiritualidade do Velho Mundo. Sua teologia é ruim como ciência e inadequada como religião (ARMSTRONG, 2001, p. 169).

Assumindo esta definição de Armstrong sobre a teologia de Princeton/Hodge, o que explica que homens bem

---

34 Em 5 de maio de 1925, o Estado do Tenessee acusou um professor de escola pública do Ensino Médio de nome John Thomas Scopes por ensinar a teoria evolucionista de Charles Darwin. O caso também ficou conhecido como "processo do macaco". O processo foi movido por um pastor fundamentalista. Este processo marca uma transição entre o que PACE; STEFANI classificam como fundamentalismo histórico (1895-1925) e neo-fundamentalismo (1925-1975). (PACE; STEFANI, 2002, p. 30-36).

35 PACE; STEFANI distinguem o neofundamentalismo do fundamentalismo por sua ação também religiosa, mas "impregnada de compromisso político". Nesta segunda fase do movimento, este foi capaz de "superar as fronteiras confessionais existentes entre universos religiosos diferentes (protestante, católico, hebreu ou simplesmente de cultura laica conservadora), falando ao coração e à mente de milhões de americanos uma linguagem que, vestida de conotações religiosas, interpreta o estado de espírito de estratos sociais cansados da onda libertária de 1968 e da retórica antipatriótica que a Guerra do Vietname tinha produzido nas novas gerações" (PACE; STEFANI, 2002, P. 35-36).

preparados intelectualmente tenham produzido o que, parafraseando Tillich, pode ser chamado de "arremedo de ortodoxia" é a ambivalência de seu método (TILLICH, 2004[b], p. 44).

Concluindo, voltamos a Mendonça e ao "fio da navalha" sobre o qual o teólogo protestante caminha. De um lado, nenhum teólogo tem — em tese — tanta liberdade de pensar como o teólogo protestante. De outro lado, o fechamento deste mesmo teólogo nos limites de sua ortodoxia leva à ausência do pensamento inovador, fazendo com que o protestantismo:

> [...] caia em letargia conservadora, tornando-se irrelevante. É o fruto do medo da liberdade. [...] Esse medo da liberdade constitui o grande paradoxo do protestantismo, pois ele faz com que o protestantismo tenha medo de si mesmo (MENDONÇA, 2007, p. 164).

Foi precisamente isso que os fundamentalistas fizeram. Encastelaram-se em sua ortodoxia com medo do pensamento moderno e apoiaram-se no método "científico" de Hodge para elaborar um 'arremedo de ortodoxia'.

Quanto aos elementos que abordamos, eles se mesclaram dentro daquele singularíssimo "caldeirão religioso" norte-americano. A matriz puritana contribuiu de muitas formas, das quais destacamos apenas dois aspectos que foram importantes para esta primeira fase do movimento: o conceito de cristandade e o *common man*. O conceito de cristandade nesta primeira fase do movimento estava embrionário, mas explodirá com toda a força no *Scopes Trial*. Ali ficará evidente que o que estava em jogo não era somente a Bíblia, mas o que se fundamentava nela: uma cristandade evangélica; uma nova Roma. O interesse de Lyman Stewart, segundo a visão de Pietsch, deixa claro que esta associação entre o capital e a religião evidenciava não se tratar apenas de um conservadorismo bíblico, mas da preservação das raízes religiosas da cultura norte-americana com vistas a fundamentar nestas, o capitalismo emergente. Este "fundamento" era necessário para a adaptação das relações de trabalho oriundas do puritanismo à nova realidade urbana e proletária da América.

Quanto ao *common man*, será ele quem, com sua Bíblia à mão, praticará o NS. Por sua vez, obras como a *Teologia Sistemática* de Hodge, baseada em seu método indutivo, travestirão o NS de academicismo. Na prática, é o que se vê nos artigos dos *Fundamentals* e no artigo de Orr que já analisamos.

O pietismo e o avivalismo por sua vez contribuirão significativamente para a subjetivação de uma fé que deveria, antes de mais nada, ser experimentada e vivida. A cultura do avivalismo tornou natural a comunicação transconfessional, já que as denominações evangélicas se articulavam com relativa regularidade nas campanhas de avivamento. Esta 'cultura de movimentos' facilitou muito para o surgimento do MFP.

De outro lado, a introdução da teologia liberal nos EUA se dará em um momento extremamente conturbado daquele país, que se recuperava de uma Guerra Civil e encontrava-se em rápido processo de industrialização. As massas de pobres atraídos do sul da nação e da Europa para trabalhar como mão-de-obra nas fábricas e minas americanas não foram bem assimilados por muitos de seus pastores os quais, conforme mencionou Armstrong, culparam o liberalismo teológico e a crítica superior pelo alcoolismo, infidelidade conjugal, agnosticismo, aumento do número de divórcios, de subornos e de criminalidade (ARMSTRONG, 2001, p, 170-171). Eles não foram capazes de ler os fatos sociais e econômicos de seu tempo como tais; antes "espiritualizaram" o quadro caótico que viam e que ameaçava aquela América arquetípica da Nova Inglaterra, a qual permanecia presente no imaginário coletivo dos americanos brancos, protestantes e anglo-saxões.

Por fim, o dispensacionalismo foi mais do que uma chave hermenêutica para a leitura da Bíblia a partir dela mesma. Ele forneceu uma chave hermenêutica para aquela realidade ameaçadora, "demoníaca". Agora tudo estava claro: a 2ª vinda de Cristo era iminente, o anticristo começava a dominar – inclusive por meio do pensamento liberal – e a defesa da Bíblia adquiria um caráter apocalíptico. O elemento milenarista, então, conferiu ao movimento um *status* messiânico. Não se tratava mais de defender a Bíblia como princípio formal da teologia protestante. Dentro da chave hermenêutica dispensacionalista desenvolvida por Scofield e incorporada pelo movimento, a Bíblia passara a ser a própria voz de Deus, o oráculo divino, a chave para uma compreensão apocalíptica da História do cristianismo e da humanidade, palavra primeira e última sobre qualquer assunto humano ou divino.

Concluindo este tópico, julgamos importante ressaltar ainda as considerações de Pace; Stefani sobre a natureza do fundamentalismo. Em sua obra *Fundamentalismo Religioso Contempor*âneo, estes autores propõem que o fundamentalismo pode ser definido por meio da fórmula "retorno à função política das religiões" (PACE; STEFANI, 2002, p. 16). Para os fundamentalistas, a política figura no centro das

5. O MFP e o Sola Scriptura

estratégias de ação de alguns movimentos, já que o exercício da arte de governar a *pólis* deve ser objeto de uma reformulação religiosa e teológica:

> Com efeito, o fundamentalismo é um tipo de ação e de pensamento religioso que se interroga sobre o vínculo ético que une as pessoas que fazem parte de uma mesma sociedade, sobretudo quando a sociedade é concebida como sendo formada não por indivíduos autônomos e isolados, mas por crentes que não podem não ver reconhecida a comum identidade de fé em todos os campos e esferas da ação social. No fundo, o problema está em saber qual é o fundamento último da comunidade política e, em particular, qual é o fundamento último do Estado. O fundamentalismo concebe a pertença a uma determinada comunidade política como reflexo de um pacto de fraternidade religiosa que é superior às relações contingentes e precárias que habitualmente se formam na "cidade terrestre". Só deste modo é possível alimentar a legitimação dos ordenamentos e das instituições políticas. Este é um tema teológico que já podemos vislumbrar em pensadores religiosos como Agostinho, cristão, e Ibn al-Farabi, muçulmano, só para citar dois notáveis expoentes das teologias políticas do passado (PACE; STEFANI, 2002, p. 17-18).

O que Pace; Stefani afirmam é que o eixo de sustentação do pensamento fundamentalista – no caso desta abordagem, do fundamentalismo protestante – se apoia em dois polos: Religião e Política. Esta polaridade determina um movimento hermenêutico que gira em torno de uma agenda: restaurar a organicidade entre Igreja e Estado. Neste sentido, talvez esta seja a chave para que compreendamos a relação entre Calvino, calvinismo e o MFP: a relação entre religião e política.

À época dos reformadores, a separação entre Igreja e Estado era inconcebível – a exceção foram os reformadores radicais – e o princípio do SS foi aplicado de forma profética, criativa. Ele deu continuidade àquele processo hermenêutico de atualizar para o seu tempo os conteúdos da fé. A aliança entre as novas igrejas e as nascentes Nações-Estado deram o necessário suporte para que o SS fosse aplicado somente às questões religiosas.

Neste contexto, o SS foi concebido e aplicado de forma profética e criativa. Os reformadores assumiram, em muitos aspectos, uma vanguarda no pensamento teológico. A concepção calviniana do SS, no entanto, trazia em si, ainda que embrionária, aquele "DNA" fundamentalista. Isto porque o princípio de "falar onde a Bíblia fala e calar onde a Bíblia se cala" só poderia ser aplicado em largo espectro – religioso, social e cultural – se a relação entre Igreja e Estado fosse a de instâncias de poder independentes, mas orgânicas quanto à sua natureza fundamental.

O advento dos Estados laicos e do desenvolvimento do pensamento científico autônomo, mudaram gradativamente as posições das peças no tabuleiro da nova ordem social, política e religiosa que se configurava na Europa do pós-Reforma. A OP, como ressaltou Tillich, foi construída por teólogos eruditos e criativos, mas sua mensagem não foi capaz de comunicar ao novo mundo racional as verdades evangélicas. Nesta gradual mudança de posições, a religião como um todo saiu da vanguarda e foi deslocada para uma posição mais defensiva até que, por fim, o princípio hermenêutico do SS foi pervertido em favor de uma agenda político-religiosa, deixando de ser aplicado num contexto de fé.

❖

Considerações Finais

Tendo-se assumido o pressuposto de Olson de que há uma "dinastia de erudição", que liga o MFP a João Calvino (OLSON, 2001, p. 572), a pergunta a que se buscou responder foi: "a concepção de Calvino do princípio do *Sola Scriptura* já era uma concepção fundamentalista e/ou ocorreram modificações nesta cadeia de pensadores reformados que teriam estreitado a compreensão daquele princípio"? Em segundo lugar, se assim foi, em que momento ou sob quais circunstâncias se deu este estreitamento? A resposta final requer primeiramente uma "decantação" dos muitos elementos heterogêneos que se sedimentaram no Fundamentalismo Histórico.

a) Quanto a Calvino:

Quanto à sua compreensão das Escrituras como princípio formal da teologia cristã a resposta é não, se levarmos em conta a sua formação humanista e sua abertura à crítica bíblica que já se iniciara em seu tempo. Para Calvino a Bíblia era sim a Palavra de Deus, mas deveria ser lida e interpretada tendo-se em conta que Deus acomodara sua revelação à nossa infinita pequenez. Ademais, Calvino tinha em mente claramente que a Bíblia não era um livro de verdades científicas, mas de verdades religiosas. Neste sentido, aquele conceito dos fundamentalistas de "inerrância das Escrituras" em relação a todas as verdades – sejam elas religiosas ou não – certamente não pode ser atribuído a Calvino.

Outro ponto que não sustenta um "DNA" fundamentalista em Calvino quanto à Bíblia em si, é o fato de que ele não defendia a adoção de uma tradução específica da Bíblia. Ele mesmo traduziu a Bíblia tanto para o latim quanto para o francês mas, segundo consta, jamais impôs aos genebrinos ou a quem quer que fosse a leitura de sua tradução. Vimos, inclusive, como ele prefaciou a tradução da Bíblia de Piérre Olivetan. Já os fundamentalistas consideravam e ainda consideram a *Autorizhed King James Version* (Versão Autorizada do Rei Tiago) "a" tradução da Bíblia por excelência. Em suas igrejas, é proibida a adoção de outras traduções ou versões.

Quanto à questão hermenêutica, esta sim talvez contenha aquele que seja o "DNA" do fundamentalismo, a saber, aquela compreensão compartilhada por Calvino e pelos reformadores suíços de que "deveria se falar onde a Bíblia fala, e calar-se onde ela se cala". Dentro do contexto polêmico da época da Reforma, quem deveria "falar" ou se "calar" frente a Bíblia era a Igreja. Calvino era radical quanto ao lugar da Igreja e da Tradição em face das Escrituras. Portanto, sua radicalidade dizia respeito antes de mais nada ao campo religioso.

Sob esta perspectiva, Beza e Turretini podem ter colocado mais ênfase em uma ou outra doutrina, mas definitivamente, não introduziram nenhum elemento novo na teologia de Calvino. Seu "pecado" consistiu em terem eles rompido, cada um a seu modo, aquele equilíbrio entre a subjetividade da fé e a objetividade da razão desta fé, expressa na Bíblia, a Palavra de Deus.

Mas é na sua concepção de cristandade que se evidencia o fundamentalismo de Calvino. Calvino, assim como todos os reformadores da RM, concebia o Estado como um 'parceiro' da Igreja. Este é, aliás, um dos muitos aspectos nos quais se vê o quanto Calvino preservou do catolicismo romano. O mito de que a RP veio trazer liberdade religiosa em sentido amplo não resiste e cai após a leitura de qualquer livro sério de História da Igreja. E aqui cabe uma análise mais sociológica do que histórica.

Émile Durkheim (1858-1917), considerado o pai da sociologia, estudou o fenômeno religioso ao longo de sua vida, apresentando definições de religião que evoluíram ao longo do tempo. Em sua primeira definição, apresentou a religião como "uma das formas de *coerção* social, que tinha a função de garantir a *coesão*, inclusive ao desempenhar o papel de representação do mundo, das tradições, dos traços culturais, respondendo, assim, a uma necessidade social" (WEISS, 2012, p. 106). Mais tarde ele acrescentou à essa "dimensão de obrigatoriedade" uma definição mais abrangente, que incluía a solidariedade:

> Uma religião é um sistema solidário de crenças e de práticas relativas a coisas sagradas, isto é, separadas, proibidas, crenças e práticas que reúnem numa mesma comunidade moral, chamada igreja, todos aqueles que a ela aderem (DURKHEIM *apud* WEISS, 2012, p. 106).

Segundo Weiss, na visão de Durkheim, a religião, é "concebida enquanto um fenômeno que tem uma *causa* social, por um lado, e que desempenha *funções sociais*, por outro (WEISS, 2012, p. 107). Neste sentido, a visão de Calvino da relação entre Igreja e Estado compreendia tanto aquele 'sistema solidário de crenças relativas a coisas sagradas', quanto estabelecia meios de *coersão* para fins de uma *coesão* social. Isto ficou patente no *modus operandi* do Consistório de Genebra que, à época de Calvino, aplicava tanto penas duras como a pena de morte e o exílio, quanto penalidades mais brandas, que incluíam a aplicação de multas a cidadãos que faltassem aos cultos ou que fossem pegos rindo durante o sermão. Este viés "fundamentalista" nunca deixou de acompanhar o calvinismo e, de forma especial, o puritanismo.

Nos EUA, mesmo dentro de um Estado laico, o MFP agirá, de certa forma, segundo este mesmo impulsor. O Estado laico e a democracia como forma de governo poderiam ser tolerados pelos fundamentalistas, desde que não se atrevessem a invadir a "esfera religiosa". E permitir o ensino das ciências liberais com a introdução de elementos como o darwinismo, que coloca em cheque a doutrina literal da criação e do pecado original não poderia ser tolerado.

Também as ideias de Calvino de que um Estado ímpio não deveria ser obedecido e de que a desobediência civil e a deposição deste mesmo governo seriam legítimas, biblicamente falando, forneceram o embasamento teológico para que os fundamentalistas reivindicassem a sujeição do Estado à religião, por meio de uma militância religiosa que não viu mais fronteiras entre os campos religioso e social.

b) Quanto aos calvinistas:

A geração de teólogos do pós-Reforma estreitou tanto a compreensão da Bíblia, quanto o método de interpretá--la. Com Turretini, a Bíblia passou a depender muito mais do Texto Massorético, que ele considerava original, para ser Palavra de Deus. O eixo calviniano de sustentação entre a Bíblia e o Espírito Santo tem seu tênue e desafiador equilíbrio comprometido. A partir de Turretini, o Espírito Santo como que "passa a depender da letra", dos pontos vocálicos dos massoretas; estes "inspirados por Deus e perfeitos em seu trabalho".

Decorre, naturalmente, que as Escrituras são elevadas a um patamar de santidade que as colocam como inquestionáveis, posto que são concebidas como perfeitas em si mesmas. Este tão marcado e excessivo zelo pela Bíblia – que alguns estudiosos identificam como indo às raias da idolatria na forma de uma "bibliolatria" –, fez com que os calvinistas tivessem enorme dificuldade de lidar com as Escrituras como sendo um livro divino, mas também humano, sujeito às singularidades culturais dos muitos autores que a escreveram. Paul Tillich, em sua obra *Teologia da Cultura*, afirma que:

> A cultura é a forma da religião. Esse fato é especialmente óbvio na linguagem que ela usa. Qualquer tipo de linguagem, incluindo a Bíblia, resulta de inumeráveis atos de criatividade cultural [...] Não existe linguagem sagrada caída de um céu sobrenatural para ser encerrada nas páginas de um livro. O que existe é a linguagem humana, baseada em nosso encontro com a realidade, em evolução ao longo do tempo, usada para as necessidades cotidianas, para expressão e comunicação, literatura e poesia, bem como para mostrar a preocupação suprema (TILLICH, 2009, p. 88-89).

Assim, quando Charles Hodge desenvolveu seu método indutivo, ele simbolicamente fechou a Bíblia para todo e qualquer diálogo. Claro que esta não era sua intenção, mas é preciso mais do que boas intenções para se fazer boa teologia. Na prática, o que se viu foi um "aval acadêmico" para a prática do NS. Ao propor que era a Bíblia que "lia o homem" e não o contrário, Hodge e os que o seguiram inverteram o processo hermenêutico. Foi um erro tão grave, que a Bíblia fechou-se em si mesma, cristalizada, fora do tempo e do espaço, quase como uma espécie de "quarta pessoa da Santíssima Trindade".

Concluindo, o fundamentalismo tem sua fonte no princípio da *sola scriptura*. Segundo o Cardeal Gianfranco Ravasi, biblista e presidente do Pontifício Conselho da Cultura, é na aplicação mecânica deste princípio que se reside a problemática. Segundo Ravasi:

> Aplicado mecanicamente, este princípio rejeita a interpretação da Bíblia pela Tradição. É por isso que o fundamentalismo é muitas vezes anti-eclesial e se desenvolve justamente nos meios mais isolados que consideram como diabólico tudo o que se encontra para lá do seu perímetro sectário. Como é evidente, se a interpretação não segue cânones específicos e rigorosos, tanto na pesquisa histórico-crítica como no domínio teológico, arrisca-se a arruinar-se e a destruir-se até aos fundamentos sob o pretexto de um processo histórico e literário. Mas isso não justifica a negação da realidade das Escrituras, Palavra de Deus nas palavras humanas, que pedem para ser decifradas e compreendidas, e que não são, em caso algum, um ditado divino palavra a palavra. A Pontifícia Comissão Bíblica sublinhou-o no documento "A interpretação da Bíblia na Igreja": «O fundamentalismo convida, sem dizê-lo, a uma forma de suicídio do pensamento. Ele coloca na vida uma falsa certeza, pois ele confunde inconscientemente as limitações humanas da mensagem bíblica com a substancia divina dessa mensagem». Mesmo se S. Paulo as emprega noutra perspectiva, podemos aplicar muitas vezes ao fundamentalismo estas palavras: «A letra mata», enquanto que «o Espírito vivifica» (2 Coríntios 3, 6). (RAVASI, 2015).

Este "suicídio do pensamento" é que leva os fundamentalistas a inverteram o processo hermenêutico de tal modo, que toda a compreensão da História da Igreja e da Teologia também é alterada. Este é o caso do próprio Calvino que, como mencionamos diversas vezes atualmente é, por muitos e importantes estudiosos reformados, dissociado, e em muitos aspectos, do "calvinismo". É jargão comum entre os presbiterianos brasileiros, o uso da expressão – carregada de sarcasmo – "fulano é mais calvinista do que o próprio Calvino". E isto talvez seja fruto também desta maneira cristalizada de olhar a Bíblia, a teologia e a história. Entre os presbiterianos fundamentalistas, Calvino praticamente deixou de ser um personagem histórico, cujo pensamento pode ser pesquisado criticamente em sua vastíssima obra, para ser lido dogmaticamente. Ele tornou-se "propriedade" dos calvinistas. Por isso citamos uma plêiade de autores que veem entre calvinistas e Calvino tanto continuidade, quanto descontinuidade.

Voltamos ao paradoxo protestante, e talvez o maior desafio para a fé reformada hoje seja o desafio hermenêutico. É preciso compreender que a Bíblia é um livro divino/humano. No campo teológico, é preciso ir além dos limites estreitos das Confissões de Fé mas não para destruí-las, pois Confissões de Fé não foram divinamente inspiradas. Como disse Martin Lloyd-Jones, considerado o "último puritano", as Confissões de Fé devem ser usadas como guias que não nos privem de nossa liberdade. Não podemos permitir que elas nos tiranizem nem que se tornem códigos rígidos, invariáveis ou até mesmo imutáveis (LLOYD-JONES, 1993, p. 241). Também é preciso ouvir a fé e a ciência; o Espírito e o mundo. Por fim, para os reformados, impõe-se o desafio de voltar a Calvino e dialogar diretamente com ele, sem os filtros "calvinistas". Ainda, importa aos reformados aplicar o SS num contexto de fé, e não à serviço de uma agenda de conservadorismo, tendo em mente Aquele que é mais do que o objeto, mas o próprio sujeito da Teologia.

Concluímos com uma citação de Boff citando Karl Barth:

> Poderíamos dizer que a teologia é "palavra de Palavra": é um falar a partir do falar mesmo de Deus. Nesse sentido, é um "discurso de segunda ordem". Seu objeto é um sujeito, uma pessoa, "Alguém". Deus é o sujeito eterno da teologia. A palavra teológica não passa de um eco humano da Palavra de Deus (BOFF, 2012, p. 34).

❖

Referências Bibliográficas

AQUINO, T. **Suma Teológica.** Vol. 1. São Paulo: Loyola, 2001.

ARENS, E. **A Bíblia sem mitos:** uma introdução crítica. Tradução: Celso Márcio Teixeira. 2ª ed. São Paulo: Paulus, 2007.

ARMSTRONG, K. **Em nome de Deus: o fundamentalismo no judaísmo, no cristianismo e no islamismo.** Tradução: Hildegard Feist. 1ª ed. São Paulo: Companhia das Letras, 2001.

ARTOLA, A. M.; SÁNCHEZ CARO, J. M. **A Bíblia e a Palavra de Deus. Vol. 1.** Tradução: Frei Antônio Eduardo Quirino de Oliveira, OP. 3ª ed. São Paulo: Ave Maria, 1989.

ATENÁGORAS DE ATENAS, IN: **PADRES APOLOGISTAS.** Tradução: Ivo Storniolo, Euclides M. Balancin. 2ª ed. São Paulo: Paulus, 1995. (Patrística)

BERKHOF, L. **Teologia Sistemática.** Tradução: Odayr Olivetti. 3ª ed. Revisada. São Paulo: Cultura Cristã, 2007.

BERTOLDO, L. **Os Fundamentos da Bíblia Sagrada.** Vol. 1. Joinville: Clube de Autores, 2008.

BOFF, C. (OSM). **Teoria do Método Teológico.** 5ª ed. Petrópolis: Vozes, 2012.

BRAGA, M.; GUERRA, A; REIS, J. C. **Breve História da Ciência Moderna.** v. 2.: das máquinas do mundo ao universo-máquina. 3ª ed. Rio de Janeiro: Zahar, 2010.

BRAKEMEIER, Gottfried. Somente a escritura: avaliação de um princípio protestante: reação a Gunter Wenz, 'Evangelho e Bíblia no contexto da tradição confessional de Wittenberg'. **Estudos Teológicos**, v. 44, n. 1 , p. 37-45, 2004.

BRANDÃO, J. S. **Mitologia Grega. Vol. 1**. Petrópolis: Vozes, 1997.

BURNETT, S. G. **Later Christian Hebraists**. In: Hebrew Bible Old Testament: The History os Its Interpretation. Göttingen, Vandenhoeck & Ruprecht GmbH & Co, 2008. (P 785-801)

CABRAL, J. S. **Bíblia e teologia política:** escrituras, tradição e emancipação. Rio de Janeiro : Mauad X : Instituto Mysterium, 2009.

CAIRNS, E. E. **O cristianismo através dos séculos**. Uma História da Igreja Cristã. Tradução: Israel Belo de Azevedo. 2ª ed. São Paulo: Vida Nova, 1995.

CALVINO, J. (a) **As Institutas da Religião Cristã**. Vol. 1. Tradução: Odayr Olivetti. 1ª edição. São Paulo: Cultura Cristã, 2006.

CALVINO, J. (b) **As Institutas da Religião Cristã**. Vol. 4. Tradução: Odayr Olivetti. 1ª edição. São Paulo: Cultura Cristã, 2006.

CALVINO, J. **Prefácio de Calvino para o Saltério de Genebra.** Revista Monergista, 2014. Disponível em: http://www.revistamonergista.com/2014/10/prefacio-de-calvino-para-o-salterio-de.html. Acesso em 31.out.2016.

CALVINO, J. **Romanos.** Tradução: Valter Graciano Martins. 2ª ed. São Paulo: Parakletos, 2001.

CAMPOS JÚNIOR, H. C. Calvino e os calvinistas da pós-Reforma. **Revista Fides Reformata.** v. 14. nº 2. 2009. P. 11-31

CHAPMAN, M. Charles Hodge's Reception of Schleiermacher. In: WILCOX, J. A; TICE, T. N.; KELSEY, C. L. Schleiermacher's Influences on American Thought and Religious Life, 1835-1920. Vol. 1. Oregon (USA): Pickwick Publications, 2013. (P. 244-289).

CHARLESWORTH, J. H. **The Bible and the Dead Sea crolls.** Waco: Baylor University Press, 2006.

CLIFFORD J.; HARRINGTON D. J. Bíblia. In: LACOSTE, J. Y. (org.). **Dicionário Crítico de Teologia**. Tradução: Paulo Meneses... [et al] 1ª ed. São Paulo : Paulinas : Loyola, 2004. P. 292-298.

Confissão de Fé de Westminster. 17 ed. São Paulo: Cultura Cristã, 2005.

CORTINA, A; MARTÍNEZ, E. Ética. Tradução: Silvana Cobucci Leite. São Paulo: Loyola, 2005.

COSTA. H. M. P. Ortodoxia Protestante: um desafio à teologia e à piedade. **Revista Fides Reformata.** v. 3. nº 1. 1998. P. 1-22.

CRÉTÉ, L. As Raízes Puritanas. Disponível em http://www2.uol.com.br/historiaviva/reportagens/as_raizes_puritanas.html. Acesso em 08.dez.2016.

CULMANN, O. **Cristologia do Novo Testamento.** Tradução: Daniel de Oliveira, Daniel Costa. 1ª ed. São Paulo: Hagnos, 2008.

DE LUBAC, H. **A Escritura na Tradição.** Tradução: Monjas Beneditinas – Abadia de Santa Maria. São Paulo: Paulinas, 1970.

DEI VERBUM, In: **Documentos do Concílio Ecumênico Vaticano II (1962-1965).** Organização geral: Lourenço Costa. Tradução: Tipografia Poliglota Vaticana. São Paulo: Paulus, 1997.

DREHER, M. N. (a) **Bíblia.** Suas leituras e Interpretações na História do Cristianismo. 2ª ed. São Leopoldo: CEBI: Sinodal: 2006.

DREHER, M. N. (b) **Fundamentalismo.** São Leopoldo: Sinodal, 2006. Série: Para entender.

DUPUIS, J. **Introdução à Cristologia.** Tradução: Aldo Vannucchi. 3ª ed. São Paulo: Loyola, 2011.

DURANT, Will. **História da Civilização:** A Reforma. Uma História da Civilização Europeia de Wycliff a Calvino: 1300-

1564. Tradução: Mamede de Souza Freitas. 2ª ed. Rio de Janeiro: RECORD, 1957.

FEBVRE, L. **Martinho Lutero, um destino.** Tradução: Dorothée de Bruchard. 2ª ed. São Paulo: Três Estrelas, 2012.

FERREIRA, M. L. R. Um iconoclasta panteísta. In: Junges, M. **IHU On-line.** 397, Ano XII, 2012. Disponível em: http://www.ihuonline.unisinos.br/index.php?option=com_content&view=article&id=4533&secao=397. Acesso em 10/fev/2017.

FINKELSTEIN I.; SILBERMAN, N. A. **A Bíblia não tinha razão.** Tradução: Tuca Magalhães. 3ª ed. São Paulo: A Girafa Editora, 2004.

GADAMER, H. G. **Verdade e Método.** Tradução de Flávio Paulo Meurer. 3ª ed. Petrópolis: Vozes, 1997.

GALINDO, F. (CM) **O Fenômeno das Seitas Fundamentalistas.** Tradução: José Maria de Almeida. Petrópolis: Vozes, 1994.

GAMBLE, R. C. Suíça: Triunfo e declínio. In: **Calvino e sua Influência no Mundo Ocidental.** Tradução: Vera Lúcia L Kepler. São Paulo: Cultura Cristã, 1990. (P 78-106).

GEORGE, T. [a] **Lendo a Bíblia com os reformadores.** Tradução: Vagner Barbosa. 1ª ed. São Paulo: Cultura Cristã, 2015.

GEORGE, T. [b] In: THOMPSON, J. L. **Comentário Bíblico da Reforma:** Gênesis 1-11. Tradução: Héber de Carlos Campos Jr, [et al]. 1ª ed. São Paulo: Cultura Cristã, 2015.

GEORGE, T. **Teologia dos reformadores.** Tradução: Gérson Dudus e Valéria Fontana. 1ª ed. São Paulo: Vida Nova, 1993.

GEORGE. T. **The Reformation, a tragic necessity.** Disponível em: http://www.beesondivinity.com/the-reformation-a-tragic--necessity. Acesso em: 17.dez.2016.

GILBERT, P. **Pequena História da exegese bíblica.** Tradução: Edinei da Rosa Cândido. Petrópolis: Vozes, 1995.

GONZALEZ, J. (a) **Uma História ilustrada do Cristianismo.** Vol. 5: A era dos sonhos frustrados. Tradução: Itamir N. Sousa. 1ª ed. São Paulo: Vida Nova, 1995.

GONZALEZ, J. (b) **Uma História ilustrada do Cristianismo.** Vol. 6: A era dos reformadores. Tradução: Itamir N. Sousa. 1ª ed. São Paulo: Vida Nova, 1995.

GONZALEZ, J. (c) **Uma História ilustrada do Cristianismo.** Vol. 8: A era dos dogmas e das dúvidas. Tradução: Itamir N. Sousa. 1ª ed. São Paulo: Vida Nova, 1995.

GONZALEZ, J. (d). **Uma História Ilustrada do Cristianismo.** Vol. 9. A era dos novos horizontes. Tradução: Itamir N. Souza. 1ª ed. São Paulo: Vida Nova, 1995.

GROSSI, V. ORTODOXIA. In: BERARDINO, A. (Org.). **Dicionário Patrístico e de Antiguidades Cristãs.** Tradução: Cristina Andrade. São Paulo: Vozes, 2002. P. 1054.

GROSSI, V. *REGULA FIDEI.* In: BERARDINO, A. (Org.). **Dicionário Patrístico e de Antiguidades Cristãs.** Tradução: Cristina Andrade. São Paulo: Vozes, 2002. P 1215.

HARRIS, H. Liberalismo Alemão. In: FERGUSON, S. B.; WRIGHT, D. F. **Novo Dicionário de Teologia.** 1ª ed. São Paulo: Hagnos, 2009. (P. 611-614)

HELM, P. SENSO COMUM, FILOSOFIA DO. In: Ferguson, S. B; Wright D. F. **Novo Dicionário de Teologia.** 1ª ed. São Paulo: HAGNOS, 2009. P. 915-916.

HERON, A. CALVINO, João. In: LACOSTE J. Y. (org.) **Dicionário Crítico de Teologia.** Tradução: Paulo Meneses... [et al] 1ª ed. São Paulo : Paulinas : Loyola, 2004. P 333-337.

HODGE, C. **Systematic Theology.** Vol. 1. Grand Rapids, MI: Christian Classics Ethereal Library Publisher, 2005.

HOENEN, M. J. F. M. NOMINALISMO. In: LACOSTE, J. Y. (org.) **Dicionário Crítico de Teologia.** Tradução: Paulo Meneses... [et al] 1ª ed. São Paulo : Paulinas : Loyola, 2004. P. 1263-1271.

HORTAL, J (SJ). **E haverá um só rebanho.** História, doutrina e prática Católica do ecumenismo. São Paulo: Loyola, 1989.

HUGHES, P. E. Calvino e a Igreja Anglicana. In: **Calvino e sua Influência no mundo ocidental.** REID S. W. (Org.). Tradução: Vera Lúcia L. Kepler. São Paulo: Cultura Cristã, 1990. (P 251-295).

HURLBUT, J. L. **História da Igreja Cristã.** São Paulo: Editora Vida, 2002.

INWOOD, M. **Hermenêutica.** Tradução: Rogério Bettoni. Disponível em: http://criticanarede.com/hermeneutica.html. Acesso em: 02.jan.2017.

KAISER, W. C. Jr.; SILVA, M. **Introdução à Hermenêutica Bíblica.** Tradução: Paulo C. N. Santos, Tarcízio J. F. de Carvalho, Suzana Klassen. 1ª ed. São Paulo: Cultura Cristã, 2002.

KALUZA, Z. In: LACOSTE, J. Y.; HUMANISMO CRISTÃO. **Dicionário Crítico de Teologia.** Tradução: Paulo Meneses... [et al] 1ª ed. São Paulo : Paulinas : Loyola, 2004. P. 842-847.

KENDALL R. T. A modificação puritana da teologia de Calvino. In: **Calvino e sua Influência no mundo ocidental.** REID S. W. (Org.). Tradução: Vera Lúcia L. Kepler. São Paulo: Cultura Cristã, 1990. (P 296-325).

KERR, G. **A Assembleia de Westminster.** São Paulo: E. F. BEDA, 1984.

KLEIN, J. A substância Católica e o princípio protestante no presbiterianismo. Apontamentos. **Revista Eletrô**nica Correlatio. v. 5, n 10, 2006.

KNOLL, M. A. **The Princeton Theology 1812-1921: scripture, science, and theological method from Archibald Alexander to Benjamin Warfield.** Michigan (USA): Mark A. Knoll Editor, 2001.

KNUDSEN, R. D. O Calvinismo como uma força cultural. Tradução: Sabatini Lalli. In: **Calvino e sua Influência no Mundo Ocidental.** REID S. W. (Org). São Paulo: Cultura Cristã, 1990. (P 17-44).

KÜNG, H. **A Igreja Católica.** Tradução: Adalgisa Campos da Silva. 1ª ed. Rio de Janeiro: Objetiva, 2002.

LACOSTE J. Y.; LOSSKY N. FÉ. In: LACOSTE, J. Y. **Dicionário Crítico de Teologia.** Tradução: Paulo Meneses... [et al] 1ª edição. São Paulo: Paulinas: Loyola, 2004, p. 718-733.

LARA, T. A. Helenismo e Cristianismo nas Bases da Cultura Medieval: Paideia e Patrística. **Educação e Filosofia,** v. 6, n. 12, p. 107-124, 1992.

LIENHARD, M. In: LACOSTE, J. Y.; LUTERO, Martinho. **Dicionário Crítico de Teologia.** Tradução: Paulo Meneses... [et al] 1ª ed. São Paulo : Paulinas : Loyola, 2004. P. 1064-1072.

LIMA, M. L. C. Fundamentalismo: Escritura e Teologia entre fé e razão. **Atualidade teológica,** v. 13, n. 33, p. 332-359, 2009.

LLOYD-JONES, M. **Os Puritanos.** Suas origens e seus sucessores. Tradução: Odayr Olivetti. 1ª ed. São Paulo: Publicações Evangélicas Selecionadas, 1993.

LOPES, A. N. **Calvino, o teólogo do Espírito Santo.** São Paulo: Publicações Evangélicas Selecionadas.

LUTERO, M. **Obras Selecionadas. Vol. 1.** Tradução: Annemarie Höhn... [et al]. São Leopoldo: Editora Sinodal; Porto Alegre: Concórdia Editora, 1987.

MARSDEN, G. M. Origens "Cristãs" da América: A Nova Inglaterra Puritana como um Caso de Estudo. Tradução: Luiz Alberto Teixeira Sayão. In: **Calvino e sua influência no mundo ocidental.** REID S. W. (Org). São Paulo: Cultura Cristã, 1990. (P. 364-398).

MATOS, A. S. **A visão calvinista do Estado e da sociedade.** Disponível em http://www.mackenzie.br/7070.html. Acesso em 14.dez.2016.

MATOS, A. S. **Puritanos e a Assembleia de Westminster.** Disponível em http://www.mackenzie.br/7060.html. Acesso em 26.Nov.2016.

MELO, J. J. P. Padres da Igreja e o diálogo com o pensamento clássico. **Revista Brasileira de História das Religiões** – v. 1, n. 1, 2008. 10 p. 54-63.

MENDONÇA, A. G.; Currículo Teológico Básico. In: **Teologia Profissão.** ANJOS, M. F. (org.). São Paulo: Loyola, 1996. (123-)

MENDONÇA, A. G. Protestantismo: um caso de religião e cultura. **Revista USP.** n. 74. 2007. P. 160-173.

MENDONÇA, A. G.; VELÁSQUES FILHO, P. **Introdução ao Protestantismo no Brasil.** 2ª ed. São Paulo: Loyola, 1990.

MESTERS, C. **Por trás das palavras. Vol. 1.** 4ª ed. Petrópolis: Vozes, 1980.

NOLL, M. A. HODGE, CHARLES. In: Ferguson, S. B; Wright D. F. **Novo Dicionário de Teologia.** 1ª ed. São Paulo: HAGNOS, 2009. (P 516-519).

NOLL, M. A. TEOLOGIA DE PRINCETON In: Ferguson, S. B; Wright D. F. **Novo Dicionário de Teologia.** 1ª ed. São Paulo: HAGNOS, 2009. (P 1034-1036).

NOVA BÍBLIA PASTORAL. São Paulo: Paulus, 2014.

OCCAMISMO. In: STANCATI, T. **Léxicon Dicionário Teológico Enciclopédico**. São Paulo: Loyola, 2003. P. 542. Disponível em: https://books.google.com.br/books?id=swvCVm-0OWcC&printsec=frontcover&dq=Lexicon+Dicion%C3%A1rio+Teol%C3%B3gico+Enciclop%C3%A9dico&hl=pt-BR&sa=X&redir_esc=y#v=onepage&q=Lexicon%20Dicion%C3%A1rio%20Teol%C3%B3gico%20Enciclop%C3%A9dico&f=false . Acesso em 26/jul/2016.

OLSON, R. **História da Teologia Cristã**. 2.000 anos de tradição e reformas. Tradução: Gordon Chown. 1ª ed. São Paulo: Editora Vida, 2001.

ORR, J. As primeiras narrativas de Gênesis. In: TORREY, R. A. (ed.) **Os Fundamentos**. Tradução: Cláudio J. A. Rodrigues. São Paulo: Hagnos, 2005. (P. 82-87)

PACE, E.; STEFANI, P. **Fundamentalismo Religioso Contemporâneo**. Tradução: José Jacinto Correia Serra. 1ª ed. São Paulo: Paulus, 2002.

PACKER, J. I. **Teología Concisa**. Um guia a las creencias Del cristianismo histórico. Miami, Editorial Unilit, 1998.

PAGOLA, J. A. **Jesus: Aproximação Histórica**. Tradução: Gentil Avelino Titton. 6ª ed. Petrópolis: Vozes, 2013.

PEDRO, A. **Dicionário de termos religiosos e afins**. Tradução: Pe. Francisco Costa. 1ª ed. Aparecida: Santuário, 1994.

PELLETIER, A. M. **Bíblia e hermenêutica hoje**. Tradução: Paula Silva Rodrigues C. Silva. 1ª ed. São Paulo: Edições Loyola, 2006.

PIETSCH, B.M. (2013) 'Lyman Stewart and Early Fundamentalism', Church History, 82(3), pp. 617–646. doi: 10.1017/S0009640713000656.

PLATÃO. **Fédon.** (A imortalidade da alma) Versão eletrônica do diálogo platônico "Fedão". Tradução: Carlos Alberto Nunes. Créditos da digitalização: Membros do grupo de discussão Acrópolis (Filosofia). Homepage do grupo: http://br.egroups.com/group/acropolis/

PORTE Jr, W. A relação entre João Calvino e o desenvolvimento das ciências modernas. **Revista Teologia Brasileira.** 2013. Disponível em: http://www.teologiabrasileira.com.br/teologiadet.asp?codigo=350. Acesso em 28.out.2016.

RAVASI, G. **O fundamentalismo, suicídio do pensamento.** Disponível em: https://combonianum.org/2015/02/01/o-fundamentalismo-suicidio-do-pensamento/. Acesso em: 10.abr.2017.

RATZINGER, J. (BENTO XVI). **Jesus de Nazaré.** Tradução: José Jacinto Ferreira de Farias, SJC. 4ª Reimpressão. São Paulo: Planeta, 2007.

REID, S. W. A Propagação do Calvinismo no século XVI. Tradução: Júlia Pereira Lalli. In: **Calvino e sua influência no mundo ocidental.** REID, S. W. (org.). São Paulo: Cultura Cristã, 1990. (P 45-77).

RODRIGUES, D. **O que é Religião? A visão das ciências sociais.** Aparecida, SP: Editora Santuário, 2013.

ROMAG, D. (O.F.M.) **Compêndio de História da Igreja.** Vol. II: A Idade Média. Petrópolis, 1949.

ROWDON, H. H. Teologia Dispensacionalista. In: FERGUSON, S. B.; WRIGHT, D. F. **Novo Dicionário de Teologia.** 1ª ed. São Paulo: Hagnos, 2009. (P. 1038-1039).

SANTOS, B. B. S. (O.S.B.) **A imortalidade da alma do *Fédon* de Platão.** Coerência e legitimidade do argumento final (102ª-107b). Porto Alegre: EDIPUCRS, 1999. (Coleção Filosofia, n. 89).

SCHMITT, F. Interpretação Bíblica e Lutero. **Revista de Teologia e Ciências da Religião.** V. 3. n. 1. 2013. P. 229-244.

SILVA, N. **O que é *fides quae* e *fides qua*.** Disponível em https://padrenino.blogspot.com.br/2015/08/o-que-e-fides-qua-e-fides-quae.html?showComment=1478405517051#c3479333277133546. 2015. Acesso em: 06/Nov.2016.

SILVA, R. M. L. A guerra dos Trinta Anos e a inauguração de um novo modelo de relações internacionais: o tratado de paz de Westfália de 1648. Disponível em: https://robertoleao.wordpress.com/2009/06/03/a-guerra-dos-trinta-anos-e-a-inauguracao-de-um-novo-modelo-de-relacoes-internacionais-o-tratado-de-paz-de-westfalia-de-1648/. Acesso em 16/Nov.2016.

SIMONETTI, M. ANTIOQUIA DA SÍRIA, Escola de. In: BERARDINO, A. (Org.). Dicionário Patrístico e de Antiguidades Cristãs. Tradução: Cristina Andrade. São Paulo: Vozes, 2002. P 110-116.

SIMONETTI, M. EXEGESE PATRÍSTICA. In: BERARDINO, A. (Org.) **Dicionário Patrístico e de Antiguidades Cristãs.** Tradução: Cristina Andrade. São Paulo: Vozes, 2002. P 551-555.

SINGER, C. G. Os Irlandeses-escoceses na América. In **Calvino e sua influência no mundo ocidental.** Tradução: Vera Lúcia L. Kepler. REID, S. W. (org.). São Paulo: Cultura Cristã, 1990. P. 398-437.

STRONG, A. H. **Teologia Sistemática.** Vol. 2. Tradução: Augusto Victorino. 1ª ed. São Paulo: HAGNOS, 2003.

THOMPSON, J. L. **Comentário Bíblico da Reforma:** Gênesis 1-11. Tradução: Héber de Carlos Campos Jr, [et al]. 1ª ed. São Paulo: Cultura Cristã, 2015.

TICE, P. In: KING, L. W. (Ed). **Enuma Elish, the Seven Tablets of Creation.** Vol. 1 e 2. California: The Book Tree, 1999.

TILLICH, P.(a) **História do Pensamento Cristão.** Tradução: Jaci Maraschin. 3ª ed. São Paulo: ASTE, 2004.

TILLICH, P.(b) **Perspectivas da Teologia Protestante nos séculos XIX e XX.** Tradução: Jaci Maraschin. 3ª ed. São Paulo: ASTE, 2004.

TILLICH, P. **Teologia da Cultura.** Tradução: Jaci Maraschin. 18ª ed. São Paulo: Fonte Editorial, 2009.

TORREY, R. A. (ed.) **Os Fundamentos.** 1ª ed. Tradução: Cláudio J. A. Rodrigues. São Paulo: Hagnos, 2005.

TURRETINI, F. **Compêndio de Teologia Apologética. Vol. 1.** Tradução: Valter Graciano Martins. 1ª ed. São Paulo: Cultura Cristã, 2011.

VIEIRA, P. H. **Calvino e a educação:** a configuração da pedagogia reformada no século XVI. 1ª ed. São Paulo: Editora Mackenzie, 2008.

VOLKMANN, Martin; DOBBERAHN, Friedrich Erich; CÉSAR, Ely Éser Barreto. **Método Histórico-crítico.** São Paulo: CEDI, 1992.

WALSH, C. "HOLLIS". In: The oldest endowed professorship. **Harvard Gazette.** 2002. Disponível em http://news.harvard.edu/gazette/story/2012/05/the-oldest-endowed-professorship/. Acesso em 07.jan.2017.

WALTON, R. C. **História da Igreja em quadros.** Tradução: Josué Ribeiro. São Paulo: Editora Vida, 2000.

WEBER, M. **A ética protestante e o "espírito" do capitalismo.** São Paulo: Companhia das Letras, 2004.

WEISS, R. Durkheim e as formas elementares da vida religiosa. **Debates do NER.** Porto Alegre, ano 13, n. 22 p. 95-119, jul./dez. 2012.

WIERSBE, W. W. In: TORREY, R. A. (ed). **Os Fundamentos.** Tradução: Cláudio J. A. Rodrigues. São Paulo: Hagnos, 2005.

WILLIAMS, C. P. Tensões: Objetiva e Subjetiva. In: FERGUSON, S. B.; WRIGHT, D. F. **Novo Dicionário de Teologia**. 1ª ed. São Paulo: Hagnos, 2009. (P. 818-819).

XAVIER, L. F. O método histórico-crítico: origem, características e passos metódicos. **Davar Polissêmica.** v. 3. n. 1. 2012. P. 1-19.

Sua Opinião É Muito Importante Para Nós.

Escreva para:

muitoalemdecalvino@adsantos.com.br e compartilhe conosco suas impressões e sugestões.

Será um prazer trocar ideias com você.
Se desejar, acompanhe-nos nos seguintes endereços eletrônicos:

facebook.com/adsantoseditora   @AdsantosEditora

youtube.com.br/adsantoseditora10